HISTOIRE

DE LA

CONGRÉGATION

DU SAINT ENFANT-JÉSUS

D'AURILLAC

RODEZ

IMPRIMERIE P. CARRÈRE

(MAISON FONDÉE EN 1624)

1927

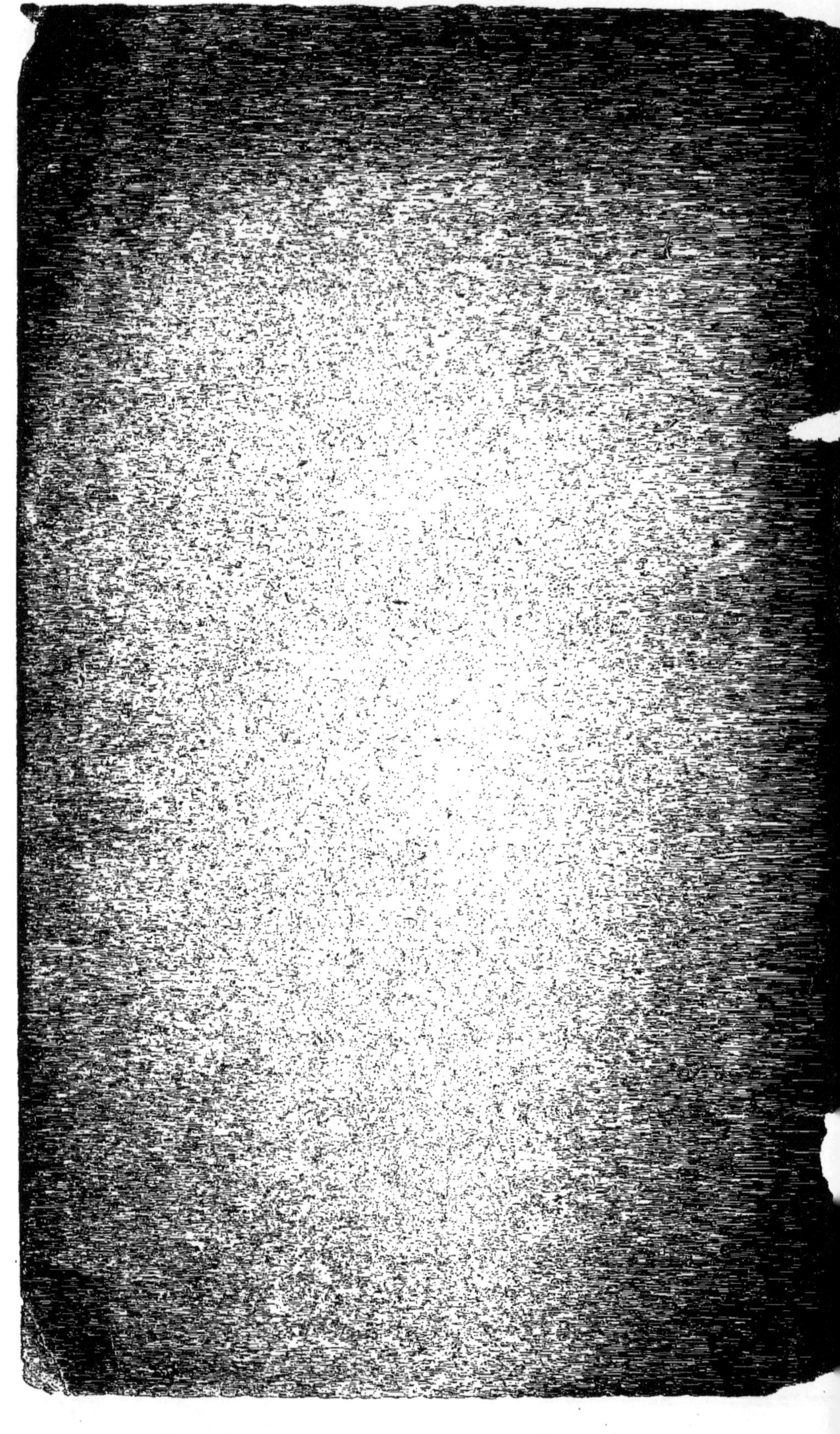

HISTOIRE

Congrégation du Saint-Enfant-Jésus
d'Aurillac

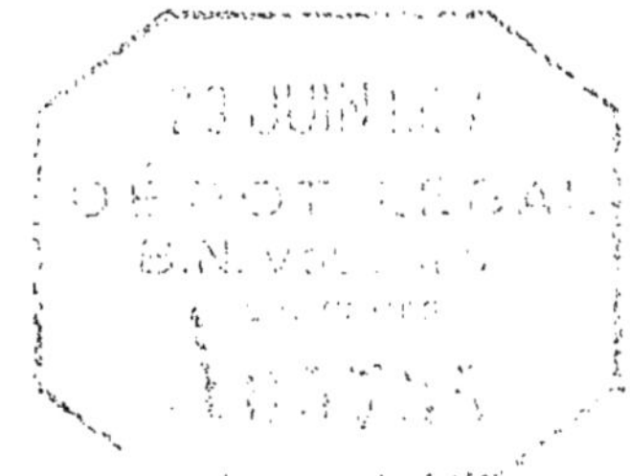

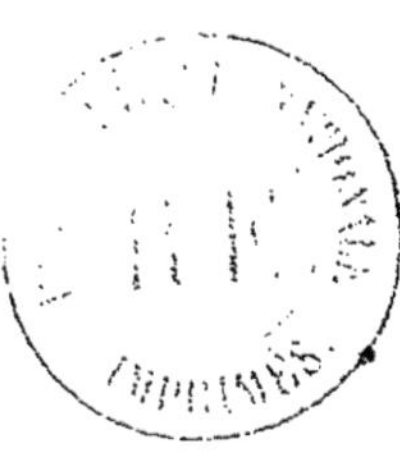

HISTOIRE

DE LA

CONGRÉGATION

DU SAINT-ENFANT-JÉSUS

D'AURILLAC

RODEZ

IMPRIMERIE P. CARRÈRE

(MAISON FONDÉE EN 1624)

1927

HISTOIRE

DE LA

Congrégation du Saint-Enfant-Jésus
d'Aurillac

AVANT-PROPOS.

LA première édition de l'Histoire de l'Institut du Saint-Enfant-Jésus d'Aurillac parut en 1896, à la veille des plus sombres jours de la persécution religieuse. Elle fut accueillie avec bonheur par celles qui trouvaient dans ces pages intimes les souvenirs précieux d'un passé doublement cher à l'heure de l'épreuve.

Etudiées avec le respect qui s'attache à des archives séculaires, ces Annales fidèles devinrent pour bien des âmes un puissant réconfort et contribuèrent à maintenir dans la Congrégation du Saint-Enfant-Jésus les vieilles traditions des jours heureux en dépit des angoisses de la dispersion, des tristesses de l'isolement, des menaces plus terribles encore de l'avenir.

Le Maître changeait la livrée de ses serviteurs, mais Il ne les abandonnerait pas à leur faiblesse au milieu du monde qui avait encore besoin de leur généreux sacrifice. En voyant naître et s'épanouir, au lendemain de la Révolution, cette pieuse Communauté portant, dès son berceau, le signe authentique des grandes œuvres, les religieuses de la Congrégation du Saint-Enfant-Jésus se sentirent heureuses et fières de lui appartenir. Cette histoire vécue de leurs saintes devancières était pour elles un Mémorial cher entre tous, tel ce livre de famille qui enregistre les souvenirs tristes ou joyeux des foyers chrétiens, donnant à chaque existence la physionomie distinctive qui permet de reconnaître les lointains disparus.

Mais cette note personnelle, caractéristique de la première édition de nos Annales en a fait un patrimoine de famille, jalousement conservé jusqu'ici pour les seules héritières de l'esprit et de l'idéal de la sainte Fondatrice. L'heure semble venue de donner une plus grande expansion à ces intéressants souvenirs : ne s'en dégage-t-il pas, avec la force entraînante de l'exemple, une leçon pratique d'énergie dans le devoir, de poursuite inlassable d'un idéal de perfection religieuse s'adaptant de plus en plus aux besoins des temps et aux circonstances au milieu desquelles s'est développé l'Institut du Saint-Enfant-Jésus.

On y verra, suivant la parole de l'Evangile, l'humble grain de sénevé devenir un grand arbre qui, mutilé en France, étendit ses racines au delà de nos frontières, s'établit en Belgique, à l'aube du vingtième siècle et multiplia dans la République Argentine ses rejetons de plus en plus prospères.

Amis et bienfaiteurs lui sont venus de toutes parts, avec les nombreuses générations sorties de Pensionnats florissants. C'est une élite qui demande aussi à connaître les origines d'une œuvre entourée de respect et d'amour!... Pour elle sont écrites ces pages où chacun trouvera l'histoire de la demeure aux chers souvenirs et des éducatrices qui façonnaient les cœurs à la vertu, les acheminant ainsi vers le seul bonheur véritable.

A ces âmes choisies est dédiée cette nouvelle édition. Qu'elle se répande dans les foyers chrétiens et qu'elle y suscite le renouveau d'énergie dont notre société moderne a besoin pour revenir au christianisme intégral qui seul peut la sauver. Puisse-t-elle contribuer, pour son humble part, à refaire une mentalité à la hauteur de la tâche qui s'impose à tous à l'heure actuelle, pour procurer la gloire de Dieu et le relèvement de notre patrie bien-aimée.

Octobre 1926.

CHAPITRE PREMIER.

Les origines de la Congrégation du Saint-Enfant-Jésus d'Aurillac.

Ses fondateurs :
Mlle Maisonobe, M. l'abbé Jean-François Noyrit.

L'orage révolutionnaire était passé sur notre sol de France, semant partout la terreur et la mort, accumulant les ruines, et sapant, jusqu'en ses assises séculaires, le vieil édifice social et religieux, élevé par nos pères aux âges de vaillance et de foi. Villes et campagnes avaient également souffert : les âmes s'étiolaient par l'abandon de la pratique religieuse et la jeunesse grandissait dans l'ignorance la plus lamentable.

Mais le sang des martyrs éleva jusqu'au Ciel l'appel suppliant de la douleur; il en fit descendre l'apaisement et le pardon. Tandis que les églises se rouvraient au culte, avec le Concordat de 1801, de tous côtés surgirent des âmes avides de dévouement et d'immolation silencieuse : l'excès même du mal préparait un splendide renouveau.

C'est, en effet, une des plus pures gloires du dix-neuvième siècle d'avoir vu naître, à son aurore, des Instituts nombreux, rivalisant de ferveur généreuse et, par des moyens divers, s'orientant vers le même but.

Au milieu de cette phalange d'élite, saluons avec respect l'humble berceau de la Congrégation du Saint-Enfant-Jésus d'Aurillac, fondée en 1804 par Mlle Maisonobe, avec le concours d'un saint prêtre, confesseur de la foi, M. l'abbé Jean-François Noyrit, sous le haut patronage de Sa Grandeur Monseigneur de Belmont, évêque de Saint-Flour (Cantal).

C'est au village de Leyrit, paroisse de Crandelles, que naquit en 1776 celle qui devait être un jour l'instrument de la Providence pour l'accomplissement d'une mission de choix. Marie était la dixième et dernière venue au foyer très chrétien de la famille Maisonobe, si avantageusement connue dans la région. Madame Maisonobe, âgée de cinquante-deux ans à sa naissance, l'accueillit avec joie, tandis qu'autour d'elle parents et amis allaient murmurant la parole échappée à l'entourage du saint Précurseur : « Que pensez-vous que sera cette enfant? » Hélas! encore bien jeune, Marie connut les tristesses de la séparation et de la mort. L'heure de la récompense sonna trop tôt pour la mère de famille qui, sans compter, avait prodigué aux siens les trésors de son admirable dévouement. M. Maisonobe l'avait précédée de quelques années au tombeau, laissant à sa fille de prédilection une part double dans l'héritage paternel, disposition acceptée joyeusement par la famille, tant était grande l'affection de tous pour la petite sœur.

Deux fois orpheline à un âge qui a besoin de tendresse pour s'épanouir librement, Marie Maisonobe trouva dans son frère aîné le guide sûr et dévoué dont sa faiblesse avait un impérieux besoin. Mais Dieu, qui la destinait à des responsabilités redoutables, se plut à tremper son âme dans le creuset de la douleur, et, une fois encore, elle fut sevrée de tendresse. La petite sœur sentit la perte de son bon frère aussi vivement, peut-être, que celle de ses parents bien-aimés; elle lui conservera toujours sa meilleure reconnaissance.

De ces épreuves multiples, l'enfant gardera l'empreinte et son tempérament délicat en subit le contre-coup douloureux. Longtemps sa fragile santé donna

des inquiétudes sérieuses à son entourage familial.
Il lui fallait la pure atmosphère et le calme de la vie
des champs; inutile de songer pour elle à l'internat
dans un établissement de la ville; une bonne instruction primaire jointe à la formation religieuse convenable serait tout le bagage intellectuel de la jeune
fille.

Cette résolution qu'elle regrettera si vivement dans
la suite entrait sans doute dans les mystérieux desseins de la Providence. Plus une œuvre est appelée à
produire de grands fruits dans les âmes, plus l'action
divine doit s'y montrer davantage. Qu'importe le savoir humain à l'élue du Seigneur qu'Il instruira par
des touches secrètes et préparera lui-même à sa mission de choix.

Marie Maisonobe ne songeait pas du reste aux inconvénients de cette mesure de prudence. Le monde semblait alors l'attirer et lui sourire. Bien des années plus
tard, elle racontera elle-même agréablement que le
souci de sa toilette entrait dans ses préoccupations
journalières, et qu'un costume soigné ne lui déplai-
sait pas.

Dans cette disposition d'esprit, la jeune fille devait
accueillir avec joie la pensée d'une alliance en harmonie avec ses goûts et ses secrètes aspirations. On y songea pour elle; mais Celui qui, jalousement, la voulait
tout entière lui réservait l'amertume d'une cruelle déception. Quoique brisée dans le fond de l'âme, déjà
courageuse et forte, Marie Maisonobe s'éleva d'un
coup d'aile jusqu'aux régions sereines qu'elle ne devait plus quitter. C'était sous une forme spéciale l'appel d'en haut, la détachant des affections humaines
et de la fascination du créé. Heureuse fut-elle de comprendre cette grande et providentielle leçon et d'y répondre par l'élan d'un cœur orienté désormais vers
d'autres horizons. Son rêve de dévouement et de tendresse ne revêtira pas la forme terrestre : il lui don-

nera la merveilleuse fécondité du sacrifice qui paiera au centuple l'abandon des joies d'ici-bas.

Cependant, tandis que se déroulait ce drame intime, des événements graves se succédaient en France : on était en pleine Révolution. La terre d'Auvergne, pourtant si croyante et si profondément religieuse, fut envahie, jusque dans ses campagnes les plus reculées, par les doctrines impies et les menées homicides qui ensanglantaient l'antique sol français : elle compta aussi ses bourreaux et ses martyrs.

La religion proscrite trouvait un asile sûr et toujours ouvert dans la demeure de l'honorable famille Maisonobe. Combien de fois Marie fut témoin de la charité héroïque de ses parents qui, à leurs risques et périls, donnaient l'hospitalité la plus cordiale aux prêtres réfractaires cachés dans nos montagnes. Que de fois, à la faveur des ombres de la nuit, on dressait un modeste autel dans le lieu le plus retiré de la maison; le saint sacrifice de la Messe était célébré dans ces nouvelles Catacombes, où se cachaient, comme jadis, les vaillants Confesseurs de la foi. Avec quelle sainte avidité Mlle Maisonobe accueillait sous son toit et dans son cœur l'hôte divin qui ne l'abandonnait pas à l'heure de l'épreuve. Et Jésus la récompensait de ce zèle généreux en inspirant à son âme ces élans vers le sacrifice auxquels elle devait si bien correspondre plus tard. En attendant, elle trempait son courage et sa foi dans ces situations périlleuses et se préparait à son insu à la difficile mission qui lui était réservée dans la suite.

La Providence a des voies admirables pour amener la rencontre des âmes dont l'union doit servir à la gloire de Dieu et à l'établissement de son règne. Parmi les prêtres qui trouvaient un refuge au foyer hospitalier de la famille Maisonobe, M. Jean-François Noyrit était peut-être le plus estimable et le plus vénéré.

Jean-François Noyrit était né à Ayrens, près Aurillac, le 13 mars 1766. Il était l'aîné des enfants de Nicolas Noyrit et de Marie Degoul qui eurent deux autres fils : Guillaume resta le chef de famille, et Antoine devint curé de Roanne-Saint-Mary, où il mourut en 1851.

La famille Noyrit était une des plus honorables d'Ayrens : Nicolas et son frère furent syndics et consuls de la paroisse. Le petit Jean-François entendit de bonne heure l'appel de Dieu à l'état ecclésiastique, mais ses parents éprouvèrent longtemps sa vocation. Grâce aux démarches de sa vertueuse mère, M. Rochet, vicaire d'Ayrens, se chargea d'enseigner à Jean-François les éléments de la langue latine. Ses progrès furent si rapides qu'après dix-huit mois d'études il entra en troisième au collège d'Aurillac et y devint bientôt un des meilleurs élèves de son cours. Son influence sur ses condisciples pour les porter au travail et à la vertu était si grande que les familles les plus distinguées de la ville recherchaient sa société pour leurs enfants et lui firent, dans ce but, des offres très avantageuses. Mais ses aspirations généreuses s'étaient si bien précisées que le saint jeune homme n'aspirait qu'à se consacrer au service des autels. Et cependant, les obstacles et les tentations ne lui avaient pas manqué. Le soin de pourvoir à ses études cléricales était une charge très lourde pour ses parents. D'autre part, l'esprit de liberté, prélude de la Révolution de 1789, pénétrait partout, même dans les collèges, exaltant les têtes de vingt ans, éprises déjà d'égalité et de réformes. De toutes parts, on s'élevait contre les privilèges et les richesses du clergé, en butte aux calomnies des envieux. N'y avait-il pas imprudence à s'engager dans un ordre si violemment attaqué?

Jean-François Noyrit resta sourd à toutes ces suggestions dangereuses et, après une retraite de huit jours, il s'orienta résolument vers la carrière cléricale.

Ses résolutions précieusement conservées prouvent
que le pieux étudiant était déjà tout à Dieu. Il suivit
le cours de philosophie du R. P. Abbadie, cordelier,
qui réunissait trente-trois élèves au Collège d'Aurillac,
et y eut pour condisciples quelques célébrités du pays
et plusieurs ecclésiastiques avantageusement connus
depuis.

Enfin, en octobre 1788, Jean-François entrait au
Grand Séminaire de Saint-Flour, où il devait être un
modèle de ferveur et de générosité, si bien qu'il fut
trouvé digne d'être maître à son tour. Les vacances
étaient à cette époque une rude épreuve pour la vocation des jeunes lévites : Jean-François dut rentrer
dans sa famille au lendemain de la prise de la Bastille,
et le récit de cette première victoire de l'émeute fut
le signal des attaques contre les châteaux et contre
l'autorité royale; de sorte que la Révolution s'accomplit aussi vite en province qu'à Paris.

Appelé aux ordres mineurs en mars 1790, le jeune
séminariste n'hésita pas à accepter les charges et les
dangers de la sublime mission qu'il ambitionnait depuis si longtemps. Le 24 août de la même année, la
Constitution civile du clergé jeta la France dans le
schisme et dans la persécution religieuse la plus re-
doutable. L'abbé Noyrit ne partagea pas les illusions
de plusieurs de ses compatriotes et les défaillances
dont il fut le témoin attristé n'ébranlèrent pas la fermeté de sa résolution. Il fut ordonné diacre la veille
de Noël 1790, avec plusieurs de ses condisciples qui,
comme lui, ne savaient pas regarder en arrière.

Mgr Claude de Ruffo, évêque de Saint-Flour, ayant
refusé le serment schismatique, dut émigrer en Pié-
mont, vers la fin de l'année 1790. Il confia l'administration du diocèse à Mgr Brugier de Rochebrune qui,
d'accord avec M. Passerat, Supérieur du Grand Séminaire, licencia les jeunes lévites pour les soustraire à
la juridiction du citoyen Thibaut, évêque intrus de

Saint-Flour. Tout à la pensée de ses devoirs, le nouveau diacre se rendit chez M. Lantuéjouls de Marcolès,
vicaire de Ladinhac, qui accepta de l'aider à termi-
ner ses études théologiques et le prépara à recevoir
l'onction sacerdotale. Hélas, dénoncé comme ayant
refusé le serment constitutionnel, l'abbé Lantuéjouls
ne tarda pas à être traqué et saisi dans sa propre
demeure : son élève n'eut que le temps de s'échapper
par une croisée et d'aller à Marcolès porter cette triste
nouvelle. La population s'indigna et contraignit les
gendarmes à rendre la liberté à leur prisonnier, dont
la situation n'en resta pas moins des plus précaires.
C'est au milieu de ces angoisses que l'abbé Noyrit se
disposait à recevoir le sacerdoce.

Avant de partir pour l'exil, Mgr de Ruffo avait
chargé Mgr de Bonal, évêque de Clermont, de conférer
les ordres à ceux de ses clercs qui lui seraient présen-
tés. M. de Rochebrune adressa donc l'abbé Noyrit au
saint prélat qui était alors à Paris. Ce ne fut pas un petit embarras pour le futur prêtre d'entreprendre ce
long voyage dans de si mauvais jours. Mais aucune con-
sidération ne put l'arrêter. En mars 1792, Jean-François Noyrit était sacré prêtre pour l'éternité. Il arrivait
assez tôt pour avoir sa part d'épreuve dans le grand
combat que l'impiété livrait au clergé et au peuple
fidèle.

Malgré les réclamations les plus touchantes de
Mgr de Ruffo, les électeurs du Cantal avaient élu, le
13 mars 1791, M. Thibaut pour le remplacer. Dès son
arrivée à Ayrens, M. Noyrit se trouva dans une situation délicate et difficile : les prêtres jureurs, excom-
muniés par Mgr de Ruffo, furent ses ennemis déclarés.
Raconter sa vie pendant les années de la persécution
serait faire l'histoire de beaucoup de ces prêtres fidèles
qui connurent les tourments et les craintes de leurs
ancêtres dans la foi.

Le 17 ventôse (7 mars 1793), l'abbé Noyrit se rendit

au village de Sérieys, paroisse d'Ayrens, pour un malade qui avait réclamé ses soins; celui-ci demanda la communion avec tant d'instance que le jeune prêtre lui promit de la lui porter le lendemain matin, quoiqu'il se sentît fortement surveillé. Le temps était affreux. Le prêtre quitta le malade à une heure avancée de la veillée et se rendit à Sournac, dans la famille Laveissière, avec l'intention d'y célébrer la messe et d'y consacrer les saintes espèces pour le malade. Lorsque dans la nuit du 7 mars l'abbé Noyrit entra dans la maison par une porte de derrière dont il avait la clef, il vit Mme Laveissière courir vers lui au premier bruit et l'arrêter en lui montrant la trop nombreuse réunion qui entourait le foyer. La maîtresse de maison leva bientôt la séance et chacun se retira. Alors apparut le prêtre proscrit, couvert de neige et transi de froid; or, pendant qu'il se réchauffait devant la grande cheminée, il était observé par un domestique qui le reconnut et alla dénoncer sa présence aux gendarmes voisins. Le lendemain, M. Noyrit disait la messe à cinq heures et partait aussitôt. Tout à coup, à l'entrée du village de Sérieys, il se rencontre face à face avec les exécuteurs de la loi qui l'arrêtent et le conduisent à Aurillac.

C'est au château de Saint-Etienne que l'abbé Noyrit fut incarcéré. En face de ses juges, le confesseur de la foi resta intrépide, proclama hautement sa fidélité à son évêque et à ses devoirs de prêtre catholique. Il fut condamné à la déportation et à l'exil, mais cette sentence devait obtenir l'approbation du Ministre de l'Intérieur. En attendant, la ville connut le triste sort réservé au jeune prêtre et la sympathie générale se déclara en sa faveur. Bientôt visites et secours de tout genre lui vinrent en foule et adoucirent sa captivité. Les anciens amis et condisciples du condamné s'employèrent tous activement à le délivrer. Plusieurs se rendirent à Ayrens et déterminèrent la municipalité à signer en sa faveur une pétition fortement motivée. Ces démarches étaient accomplies à l'arrivée de la réponse du ministre. Cette réponse fut peu concluante. L'administration départementale d'Aurillac hésita à son tour : l'abbé Noyrit fut remis en liberté, grâce aux démarches d'amis influents. Il rentra directement à Ayrens et recommença à exercer son saint ministère, empressé de retrouver ses paroissiens et de les remercier de leur dévouement.

Le généreux confesseur de la foi reçut alors la plus précieuse récompense que les hommes pussent lui accorder. Après l'avoir félicité et encouragé vivement, son vieil évêque, du fond de son exil, le nommait prêtre apostolique dans tout son diocèse de Saint-Flour, et lui donnait les pouvoirs les plus étendus pour administrer la paroisse d'Ayrens et toutes celles qui étaient privées de leur pasteur légitime. Cette flatteuse distinction explique le ministère si étendu de M. Noyrit pendant la période révolutionnaire. Combien de paroisses gardèrent à cette époque, dans les registres officiels, des traces de son passage. On ne sait vraiment qu'admirer davantage, du zèle qui lui faisait entreprendre les courses les plus fatigantes pour assister tous ceux qui réclamaient les secours de son ministère, ou de la présence d'esprit qui, si souvent, le sauva du danger. Quels intéressants détails donne à ce sujet M. l'abbé Reyt, dans son livre sur M. Noyrit et sur la Révolution en Auvergne, ouvrage si précieux pour étudier cette belle figure de notre saint fondateur. Et quand ces angoisses et ces labeurs ont duré des mois et des années, quel long martyre autrement héroïque que le sacrifice spontané d'une vie, offerte en holocauste chaque jour.

Tel était le prêtre auquel Mlle Marie Maisonobe confia la direction de son âme et les généreux désirs d'apostolat que la grâce développait en elle chaque jour. Les signes de sa vocation religieuse étaient trop évidents pour qu'une âme éclairée des lumières divines comme celle de M. Noyrit pût s'y tromper. Toutefois, il invita la jeune fille à attendre patiemment, pour la réalisation de ses projets, la fin de l'orage politique ; mais il lui conseilla en même temps de se lier par la promesse formelle de se donner à Dieu aussitôt que les monastères se rouvriraient à la prière et au travail.

En 1801, le Concordat rendit enfin la paix à l'Eglise de France. Les évêques reprirent la direction de leurs diocèses, les prêtres revinrent dans leurs paroisses et le culte saint fut rétabli au grand jour.

Vers cette époque, M. Noyrit était appelé à la vicairie de Saint-Géraud d'Aurillac. Presque en même temps, les Couvents de la Visitation et de Sainte-Claire rouvraient leurs portes aux membres dispersés de ces familles religieuses. M. Noyrit s'entretint aussitôt de cette bonne nouvelle avec Mlle Maisonobe; celle-ci, par un secret pressentiment comprit que ce n'était point là le genre d'œuvres auquel elle était destinée. Elle se résigna à attendre encore l'heure de Dieu qui ne tarda pas à sonner.

Plus que toute autre misère, l'abandon des jeunes enfants, privées de l'éducation qu'appelle leur faiblesse, attirait son cœur et sollicitait sa volonté. Un jour de l'année 1803, au retour d'un voyage à Aurillac, Mlle Maisonobe annonce à sa famille qu'elle vient d'acheter une maison dans la rue du Salut. Elle veut ouvrir une école et instruire les enfants pauvres qui lui seront confiées. En vain M. Louis Maisonobe, son neveu, déjà chef de famille, essaie-t-il de convaincre la courageuse fondatrice de l'impossibilité où elle se trouve d'assumer une tâche semblable, plus difficile encore à l'époque troublée que l'on traverse. La résolution n'avait pas été prise à la légère, l'inspiration venait d'en haut; et, de fait, quelques jour plus tard, Mlle Maisonobe se fixait à Aurillac, avec deux de ses compagnes, depuis longtemps confidentes de ses rêves d'avenir : c'étaient Mlle Jeanne-Marie Laveissière de Sournac et Mlle Jeanne Andrieux du Bouret.

Mlle Jeanne-Marie Laveissière, nièce de la Fondatrice, devait être dans la Communauté naissante le modèle achevé d'une vie de dévouement et d'humbles sacrifices. Il n'y avait point d'emplois pénibles, de travail fatigant dont elle ne prît sa large part. Avide de saisir les plus petites occasions de se rendre utile, elle savait prodiguer ses services avec cette aimable gaieté qui en double le prix.

Mlle Jeanne Andrieux avait vu le jour à une petite distance de Leyrit, dans le gracieux village du Bouret, qui devait donner plus tard à la Maison du Saint-Enfant-Jésus d'autres sujets de choix. Il est resté peu de détails sur les premières années de sa vie. Nous savons toutefois qu'elle montra dès lors un sérieux au-dessus de son âge et une grande assiduité au travail. Sa piété grandit chaque jour, malgré la persécution religieuse qui sévissait de toutes parts. En 1793, la famille Andrieux, suspectée à cause de ses bons principes, fut emprisonnée dans sa propre demeure. Mais, pendant que les geôliers se livraient au sommeil, de saints prêtres se glissaient furtivement dans la demeure et réconfortaient les captifs par la célébration des saints mystères. Il prit un jour fantaisie aux séides révolutionnaires d'obliger leurs prisonniers à assister à la messe célébrée par un prêtre constitutionnel. Mlle Andrieux, comme le reste de sa famille, dut s'y rendre; avec la vaillante énergie qui la caractérisait, elle protesta si éloquemment par son attitude, contre la violence faite à ses principes, qu'elle s'attendait à être conduite en prison. Dieu qui la réservait à d'autres épreuves sut l'arracher à ses persécuteurs et la conduire à Mlle Maisonobe dont elle devint la compagne fidèle et le précieux soutien.

Au point de vue purement humain, la résolution de

ces jeunes filles semblait téméraire et ambitieuse. Tout leur manquait pour entreprendre une fondation de ce genre. Rien ne les y avait préparées jusqu'alors; les ressources matérielles faisaient défaut, car la famille de Mlle Maisonobe, désolée de voir s'éloigner d'elle une parente si chère, refusait de l'aider dans sa courageuse entreprise. Mais la foi ardente ne connaît pas d'impossibilités et la conviction de répondre aux desseins de la Providence en acceptant le rôle délicat d'institutrices soutint ces âmes généreuses dans les difficultés qui marquèrent les débuts de leur apostolat.

M. l'abbé Noyrit encourageait aussi l'entreprise dont il fut dès lors le tout dévoué protecteur. Bientôt, grâce à ses conseils, une nouvelle recrue se joignit à Mlle Maisonobe. C'était Marie-Anne Duval, d'Ayrens, qu'une sainte affection unissait depuis longues années à la future fondatrice.

Dès son enfance, Marie-Anne Duval annonçait le plus heureux naturel et de belles qualités extérieures. Ses parents, fiers de ses grâces naissantes, mettaient à la parer leurs soins et leur bonheur. Marie-Anne se prêtait aux désirs maternels avec la douce facilité de son charmant caractère; cependant son cœur n'eut jamais d'attrait pour les vanités du monde. A cette époque où la religion était méprisée et persécutée, elle n'avait pas de meilleures jouissances que de se laisser aller aux effusions de sa tendre piété. Aussi, lorsque M. l'abbé Noyrit l'eut mise en relation avec Mlle Maisonobe, son unique désir fut de se donner à Dieu dans toute la plénitude de sa ferveur généreuse. La tendresse de ses parents essaya en vain de la retenir dans le monde pour lequel elle n'était point faite. Sa robuste santé souffrit de ces luttes intimes, et, la voyant dépérir sous leurs yeux et par leur faute, ceux dont l'affection mal comprise retardait l'accomplissement de ses desseins, consentirent enfin à la laisser partir.

Avec la joie la plus vive, Marie-Anne Duval vint rejoindre à Aurillac Mlle Maisonobe et ses amies.

Une fois installées dans leur modeste demeure, où manquaient bien des choses nécessaires, les protégées de M. Noyrit ouvrirent une classe sous sa direction. Pour la première fois à Aurillac, depuis la Terreur, une école chrétienne recevait les enfants privées jusque-là de tous moyens d'instruction; aussi, la maison fut-elle bientôt remplie et le travail plus que suffisant pour des maîtresses inexpérimentées.

La petite association eut bien à souffrir au début de son apostolat : pauvreté, vexations, épreuves cruelles, rien ne lui manqua de ce qui attire la bénédiction de Dieu sur une œuvre. Plus que personne le bon M. Noyrit souffrait de cet état de choses; il sentait si bien ce qu'il fallait à sa petite communauté pour remplir la mission importante que l'avenir semblait lui réserver. Son but et celui de Mlle Maisonobe ne se bornait point à l'instruction des enfants d'Aurillac. Ils avaient l'ambition de former des jeunes filles vertueuses, profondément chrétiennes, qui deviendraient la sauvegarde de nos campagnes, en se livrant à l'éducation de la jeunesse. Ainsi se précise dès son berceau le champ d'action de la future Congrégation du Saint-Enfant-Jésus.

Sur ces entrefaites, Mgr de Belmont, évêque de Saint-Flour vint à Aurillac. M. l'abbé Noyrit en profita pour lui parler de la Communauté naissante, du double but qu'elle se proposait et des embarras de la situation actuelle. Mgr de Belmont écouta avec la plus grande bienveillance le rapport de M. Noyrit. Frappé de la concordance de l'œuvre dont on lui parlait avec les nécessités de l'heure présente, il promit son appui à une association qui entrait si bien dans ses vues.

L'Evêque de Saint-Flour avait en même temps la juridiction du diocèse du Puy. Dans cette ville, un

Institut prospère, né du Couvent de l'Instruction venait de reprendre son œuvre, en tout semblable à celle que se proposait de fonder Mlle Maisonobe. Mgr de Belmont se hâta d'en informer M. l'abbé Noyrit, lui conseillant d'envoyer quelques-unes de ses protégées dans cette sainte maison pour y recevoir une formation convenable. Le désir de ses supérieurs était un ordre pour Mlle Maisonobe. Elle n'hésita pas un instant à entreprendre le voyage conseillé par Monseigneur l'Evêque de Saint-Flour et fit avec Mlle Andrieux ses préparatifs de départ.

CHAPITRE II.

La Maison de l'Instruction du Puy.

Ses œuvres. — Ce qu'elle a fait pour le Saint-Enfant-Jésus
d'Aurillac.

Le Couvent de l'Instruction du Puy vers lequel Mgr de Belmont orientait Mlle Maisonobe avait été fondé au dix-septième siècle par M. Antoine Tronson, aumônier du roi Louis XIII et Mlle Anne-Marie Martel, fille d'un avocat en la sénéchaussée du Puy, née dans cette ville le 11 août 1644.

Le désir d'une vie modeste et cachée porta M. Tronson à se retirer auprès de M. Olier, fondateur de la Congrégation de Saint-Sulpice. Celui-ci le dirigea vers la mission du Velay où il devait rendre les plus grands services.

Sous la direction de ce saint prêtre, Mlle Anne-Marie Martel résolut de se dévouer à l'instruction religieuse de quelques jeunes filles des environs. L'œuvre qui lui avait été confiée progressa si bien par ses soins que bientôt plusieurs quartiers de la ville eurent leur école, tandis que, de tous les points du diocèse accouraient des institutrices désirant se préparer à la formation religieuse de leurs élèves.

Devenu curé de la paroisse de Saint-Georges du Puy, M. Tronson associa les « demoiselles de l'Instruction » à la Confrérie de l'Enfant-Jésus dont les œuvres étaient identiques à celles des précédentes. Le

MÈRE DES ANGES,

Fondatrice de l'Institut du Saint-Enfant-Jésus

(1776-1839)

nouvel Institut était dans tout son épanouissement quand la Révolution ferma ses portes.

Le calme rétabli en France et la liberté rendue à l'Eglise, les magistrats du Puy envoyèrent les clefs du Couvent de l'Instruction à M. Sénicrose pour qu'il eût le plaisir de les remettre lui-même à sa sœur, ancienne Supérieure de cette Congrégation. Avec des transports de joie, Mlle Sénicrose reçut l'autorisation de retourner dans cette maison toujours chère, où ses anciennes compagnes vinrent bientôt la rejoindre. Les choses en étaient là, lorsque Mlle Maisonobe et Mlle Andrieux entreprirent le voyage du Puy, en décembre 1804.

A leur passage à Saint-Flour, elles furent accueillies avec une grande bienveillance par Mgr de Belmont qui leur laissa deviner l'espoir qu'il fondait sur elles, et leur donna pour Mlle Sénicrose des lettres de recommandation. La Supérieure de l'Instruction préparait, d'ailleurs, à ses visiteuses la plus cordiale hospitalité. Quelques jours plus tard, sur la demande de Mgr de Belmont, Mlle Maisonobe et Mlle Andrieux commencèrent leur noviciat dans la maison de l'Instruction.

La maîtresse des novices du Puy était alors Mlle Bouchy, en religion Sœur Saint-Régis. A peine Mlle Maisonobe eut-elle vu de près celle que la Providence avait choisie pour l'initier à la vie religieuse qu'elle conçut pour elle une profonde estime. La plus grande intimité s'établit entre ces deux âmes : l'une aux grandes vues, aux vastes projets; l'autre qui ne lui cédait en rien sous ce rapport, mais qui avait en outre l'avantage de la culture intellectuelle et de l'expérience. La novice communiquait à sa maîtresse ses plans d'organisation, ses espérances, ses inquiétudes!... Sœur Saint-Régis, devinant dans cette âme si humble et si dévouée la parfaite correspondance aux desseins de Dieu, l'encourageait et lui promettait le succès.

C'est alors que Mlle Maisonobe sentit naître en elle le désir d'associer à son œuvre cette prudente et sainte religieuse, dont elle appréciait de plus en plus le mérite et le talent. Longtemps la pieuse fondatrice porta entre elle et Dieu le secret de ses désirs; longtemps elle recommanda au divin Maître cette pensée qu'elle n'osait exprimer à d'autres. Un jour, enfin, elle essaya d'en faire la confidence à la principale intéressée; quelle ne fut pas sa joie lorsqu'elle vit Sœur Saint-Régis prête à seconder ses projets si telle était la volonté de Dieu.

Cependant la maison d'Aurillac souffrait beaucoup de l'absence de la fondatrice et de sa compagne. Les enfants arrivaient nombreuses; Mlle Laveissière et Mlle Duval ne suffisaient plus à l'ouvrage.

M. l'abbé Noyrit était appelé à la même époque à remplir à Mauriac les fonctions de pro-curé. Ce ne fut point sans tristesse que le vicaire de Saint-Géraud reçut cet ordre de son évêque. Dieu voulait perfectionner de plus en plus la sainteté de son ministre : il devait passer ici-bas en faisant le bien et ne jouir qu'au ciel du fruit de ses labeurs. Ses adieux à la petite communauté qu'il avait tant soutenue furent empreints d'une bien vive émotion. Du moins, le saint prêtre promit à ses enfants de les visiter souvent et leur demanda de le tenir au courant de ce qui intéresserait leur sainte entreprise. De nombreuses lettres conservées avec le plus grand respect dans les archives de la Congrégation attestent le dévouement et l'affection que M. Noyrit garda toujours pour l'œuvre à l'établissement de laquelle il avait si puissamment contribué. Aucune modification ne s'accomplissait que d'après son conseil; volontiers il entrait dans les plus minutieux détails, surveillait à la fois les progrès spirituels et temporels, multipliait les encouragements, consolait la petite famille visitée par l'épreuve, dirigeait les âmes dans les voies de la perfection, embras-

sait enfin de sa paternelle sollicitude tout ce qui pouvait servir leurs intérêts. Il rédigea même pour la
pieuse Communauté un catéchisme très développé
pour aider les maîtresses dans l'instruction religieuse
des élèves qu'il ne cessait de leur recommander avant
tout. Ce précieux autographe, modèle de précision et
de clarté se trouve encore entre les mains des filles de
l'abbé Noyrit pour lesquelles il constitue une véritable
relique de leur saint fondateur.

Le biographe des hommes illustres du diocèse de
Saint-Flour, M. Chaumeil, résume ainsi les dernières
années du pro-curé de Mauriac : « Jean-François Noyrit, confesseur de la foi, envoyé à Mauriac comme vicaire régent de M. Bonnal, exerça ses fonctions avec
beaucoup de succès. A la foi la plus ardente, il joignait un grand zèle pour les œuvres de piété. Il possédait la confiance générale et confessait une foule de
personnes de la ville et des environs. Prodigue envers
les pauvres, très austère pour lui-même, c'était un
homme de Dieu et non un homme du monde. On le
regardait comme un saint. Son talent pour la chaire,
ses mœurs angéliques, sa charité inépuisable et ses
vertus plus qu'ordinaires lui avaient mérité l'estime
—et l'admiration de tous. Il emporta dans la tombe des
regrets universels qui font encore revivre et honorer
sa mémoire. » Ce court panégyrique en dit beaucoup
dans sa brièveté.

La vie de l'abbé Noyrit s'écoulait donc à l'ombre
du sanctuaire de Notre-Dame-des-Miracles, tout entière au service de Dieu et du prochain. Le zèle qui
le dévorait ne faisait que grandir avec les années, mi-
nant peu à peu sa robuste constitution. Il comprit vite
que ses jours étaient comptés et fit de tout cœur le sacrifice de sa vie, si souvent renouvelé jadis aux heures
sombres de la persécution religieuse. Enfin, le 2 août
1810 le Seigneur le trouva mûr pour le ciel et l'appela
à Lui. Après sa mort, sa réputation de sainteté ne fit

que grandir et ses filles qui le pleuraient ici-bas, ne tardèrent pas à ressentir les effets de sa protection toute puissante.

En quittant Aurillac, leur saint fondateur les avait chaudement recommandées à M. Tallandier, curé de Saint-Géraud, qui eut pour la Congrégation le plus grand zèle et lui donna les meilleurs soins.

Ce fut d'après ses représentations que Mgr de Belmont écrivit à Mlle Sénicrose pour lui demander de donner l'habit aux novices d'Aurillac, afin qu'elles puissent y revenir bientôt. Désormais, nous ne connaîtrons Mlle Maisonobe que sous le nom de Sœur des Anges et Mlle Andrieux sous celui de Sœur Madeleine.

Le retour de la fondatrice dans sa maison d'Aurillac fut pour celle-ci le point de départ d'un progrès encore plus sensible. Le nombre des enfants augmenta rapidement et Sœur des Anges dut choisir un autre local. On ne pouvait viser bien haut. Après diverses hésitations, la maison qui a servi longtemps de presbytère à Saint-Géraud fut louée provisoirement.

A peu près à la même époque Mlle Duval et Mlle Laveissière prirent avec le saint habit le nom de Sœur Marthe et de Sœur Thérèse. Sœur des Anges, encore tout entière dans les ardeurs de son noviciat, avait préparé les deux jeunes filles à cet adieu définitif au monde. Sœur Marthe ne devait pas porter longtemps les livrées du Christ. La plus aimée peut-être des premières compagnes de notre vénérée fondatrice fut la première dont Dieu lui demanda le sacrifice. Sœur Marthe mourut le 13 mai 1815, à l'âge de trente-trois ans. L'Enfant Jésus cueillait une des plus belles fleurs de son parterre de choix.

A côté des épreuves qui méritaient à Sœur des Anges et à sa famille religieuse les bénédictions du Ciel, la Providence savait placer de douces consolations. Des amis nombreux donnaient à la petite Société le précieux concours de leur généreuse sympathie. D'après les conseils de M. Aymar, dans la suite Aumônier de l'établissement, la fondatrice se défit de la petite maison de la rue du Salut, pour acheter la maison Palis, appelée à devenir la maison mère de la nouvelle Congrégation. Cette maison dépendait du couvent de Notre-Dame, vendu au profit de la Nation. Malheureusement, une partie comprenant l'ancienne église avait été déjà acquise par la ville qui en a fait son théâtre.

Dans le courant de l'année 1817 l'humble Société du Saint-Enfant-Jésus s'installa dans sa nouvelle résidence. Déjà Sœur des Anges, malgré l'exiguïté de la demeure, avait créé une école gratuite qu'elle augmenta notablement alors. « C'est notre charité envers ces pauvres petites filles, disait-elle souvent, qui nous attire les faveurs et la protection de Dieu. »

Le Pensionnat avait pris un tel accroissement que la fondatrice sentit l'impossibilité de suffire à la tâche. Sa pensée et son cœur se tournèrent vers le Puy : l'heure était venue de rappeler au Couvent de l'Instruction la promesse faite naguère à Mgr de Belmont de soutenir la Communauté d'Aurillac et de lui envoyer deux sujets si elle en avait besoin. Mère des Anges, comptant sur la Providence, osa demander à Mlle Sénicrose son ancienne maîtresse des novices, devenue assistante de la Supérieure. Celle-ci laissée libre de choisir sa compagne porta aussitôt ses regards sur Mlle Ravaisse (Sœur Stanislas). La Communauté avait donné sa parole, elle ne put reculer; mais son consentement fut un vrai sacrifice. La maison du Puy abandonnait ses deux meilleurs sujets; si elle eût compris alors la perte qu'elle faisait, peut-être n'eût-elle jamais accueilli la demande de Mère des Anges. Dieu permit qu'il en fût autrement, dans des vues de miséricorde pour une maison encore à la période difficile des débuts.

La renommée avait devancé à Aurillac les deux

voyageuses qui furent accueillies avec les témoignages de la joie la plus vive. Chacun voulait les voir,
s'empresser autour d'elles. Les élèves du Saint-Enfant-
Jésus se félicitaient hautement de leur bonheur. « Oh !
disaient-elles, comme nous allons les aimer ces bonnes
maîtresses qui, pour nous, viennent de si loin. » A
peine Mère des Anges se trouva-t-elle seule auprès de
celle que sa prière avait si souvent demandée à Dieu,
qu'elle réalisa un vœu cher à son cœur. Abdiquant
toute supériorité, l'humble fondatrice voulut être la
plus humble des filles de son ancienne Maîtresse des
novices. La Communauté d'Aurillac ne devait pas tarder d'ailleurs à reconnaître le mérite et la haute vertu
de celle que la Providence avait pris soin de préparer à la mission délicate qui lui était confiée par Mère
des Anges.

Marie-Claire-Dorothée Bouchy était née au Puy le
12 août 1787. L'enfant fut accueillie avec joie comme
si un mystérieux pressentiment eût fait deviner les
secrets desseins de Dieu sur elle. A la tête d'une famille
nombreuse, Mme Bouchy dut confier à une étrangère
le soin d'élever sa petite fille; trop tard elle s'aperçut
que l'enfant manquait parfois des soins nécessaires.
Confiée plus tard à sa bonne grand'mère, Dorothée l'é-
coutait avidement parler de Dieu et la pieuse aïeule
l'instruisait avec toute la force de ses convictions en
ces jours de deuil où la religion était proscrite, les
églises fermées et les prêtres bannis.

Mlle Sénicrose, Supérieure de l'Instruction, avait
alors cherché un asile dans sa famille et tâchait d'y
continuer le plus possible ses œuvres de zèle. Dans ce
but, elle réunissait chez son frère quelques jeunes filles qu'elle formait à la piété, tout en leur donnant le
savoir humain convenable. Dorothée fut admise dans
ce groupe choisi. La pénétration d'esprit, le jugement
précoce de l'enfant n'échappèrent pas aux yeux clair-
voyants de la sainte religieuse qui vit en elle quelque

chose de plus qu'une élève : un sentiment intime semblait lui présager qu'elle serait un jour sa coopéra-
trice fidèle. Dès lors, une sympathie réciproque les
rapprocha. L'élève étudia sa maîtresse, la prit pour
modèle et mérita bientôt toute son affection. La bonne
Supérieure aimait à parler à ses enfants des douceurs
de la vie religieuse; elle leur racontait comment elle
y avait été appelée, les consolations qu'elle goûtait jadis dans la demeure du Seigneur. Un jour, la conversation plus animée avait excité un enthousiasme
général parmi les élèves; l'une d'elles se disait prête à
suivre Mlle Sénicrose si jamais celle-ci rentrait à l'Instruction. L'excellente maîtresse, après avoir réfléchi
un instant répondit : « Juliette me quittera, mais pour
celle-ci, ajouta-t-elle en montrant Dorothée, elle restera avec moi. » Celle qui était l'objet de cette prédilection prophétique en demeura frappée, y trouvant
la réponse aux intimes désirs de son cœur, et, depuis
cette heure, elle compta sur la réalisation de ses plus
chères espérances.

Quand, à la fin de la tourmente révolutionnaire,
Mlle Sénicrose retrouva son Couvent et ses anciennes
compagnes, l'école se rouvrit et Dorothée fut une des
premières élèves admises à la fréquenter. Un grand
nombre n'avait pu encore faire la première communion; ce bonheur leur fut enfin accordé et le souvenir
du grand jour demeura gravé dans la mémoire de la
pieuse enfant qui s'y était si bien préparée. Elle connaissait déjà le prix des vertus solides et la perfection
pour elle n'était pas un beau rêve d'enthousiasme sans
aucune réalité. Sa vocation s'affermissait de plus en
plus : l'heure fortunée sonna enfin. Après un postulat
de trois mois, Dorothée fut admise au nombre des novices du Couvent de l'Instruction. Elle avait alors dix-
huit ans.

Sous le nom de Sœur Saint-Régis, la jeune religieuse
fut d'abord envoyée à Thueys, dans le Vivarais, plus

tard à Yssingeaux dans la Haute-Loire; partout elle s'acquitta très bien de sa tâche et gagna l'estime et la sympathie générales. A peine de retour à la maison mère, elle y fut chargée, à vingt-quatre ans, de la direction des novices. Les sujets étant très nombreux dans la Communauté du Puy, Mlle Sénicrose sentit le besoin d'une aide pour la seconder dans le gouvernement de la maison et s'adjoignit Sœur Saint-Régis. Ce fut le moment choisi par la Providence pour imposer à la jeune Assistante sa grande et nouvelle mission à Aurillac. Laissée libre de désigner sa compagne, elle porta aussitôt ses regards sur Mlle Ravaisse, en religion Sœur Stanislas.

Fanny Ravaisse était née à Yssingeaux en 1790. Son père y exerçait les fonctions de sous-préfet et l'enfant connut près de lui tout le bien-être que donnent la fortune et une position élevée. Elle était âgée de treize ans, lorsque la Communauté de l'Instruction fonda un établissement dans cette localité du Velay. Les demoiselles Ravaisse furent les premières à fréquenter les nouvelles classes, et Mère Bouchy ne tarda pas à remarquer Fanny, nature d'élite chez laquelle ses conseils portaient tant de fruits. De son côté, l'élève sut apprécier les qualités supérieures et les vertus de sa maîtresse. Elle lui voua une de ces affections inspirées par la reconnaissance et qui ne doivent pas finir. Sa piété croissait de jour en jour. On la voyait plus recueillie, plus soumise, plus appliquée à son travail. Les fêtes brillantes de la sous-préfecture n'avaient plus aucun attrait pour elle. Sa position l'obligeait à y paraître, mais la modestie qui rayonnait dans toute sa personne disait assez le secret de son âme. Elle ne le dissimula plus bientôt, et demanda à ses parents la permission de se consacrer à Dieu dans la vie religieuse. Trop chrétiens pour opposer un refus formel à cette décision de leur fille, M. et Mme Ravaisse cherchèrent à temporiser, jusqu'à ce que l'existence des

Communautés fût devenue moins précaire. Fanny ne se plaignit point; mais quelques jours après elle supplia sa mère de l'accompagner en pèlerinage à Notre-Dame du Puy. Mère Bouchy les reçut avec joie. « J'arrive enfin, dit la jeune fille; maman, je reste; dites à mon père que je n'ai pas eu le courage de lui faire mes adieux. » Mme Ravaisse, bouleversée par cette décision imprévue, accepta une période d'essai. La ferveur et la générosité de la novice répondirent à tout ce qu'on était en droit d'attendre d'elle. Et quand, plus tard, au lendemain de sa prise d'habit, elle fut envoyée à Auzon, dans l'établissement le plus pauvre qu'on eût fondé jusqu'alors, elle s'y effaça si bien que nul ne put deviner l'origine de cette maîtresse si distinguée qui attirait tous les regards. Craignant pour sa vertu, les Supérieurs la rappelèrent à la maison mère : l'heure de sa profession religieuse approchait d'ailleurs.

Ce fut un beau jour pour Sœur Stanislas que celui où il lui fut permis de s'attacher à Notre-Seigneur par de saintes promesses; sa ferveur s'accrut encore et la pieuse cérémonie laissa dans son âme généreuse une impression qui ne devait point s'effacer.

Mère Bouchy préparait alors son départ pour Aurillac. Sœur Stanislas s'offrit gracieusement pour être sa compagne et sa proposition fut acceptée avec joie. Mais, on le devine, la Communauté vit partir à regret un sujet de si grande espérance. De longues années plus tard, une des élèves du Saint-Enfant-Jésus, au souvenir de l'impression produite sur elle par la compagne de Mère Bouchy écrivait : « Je me souviens encore de la modestie de Sœur Stanislas la première fois qu'elle parut au milieu de nous. Le silence respectueux qu'elle gardait auprès de sa Supérieure, son beau maintien, cet air de dignité qui brillait dans toute sa personne malgré son costume voisin de la pauvreté : tout cela me ravissait d'admiration. »

Désormais, c'est à Aurillac que Sœur Saint-Régis et Sœur Stanislas vont faire valoir dans un champ d'action digne de leurs mérites et de leur vertu, les talents que Dieu leur avait donnés dans une si large mesure.

Telle est la part que la maison du Puy garde dans l'établissement de la Congrégation du Saint-Enfant-Jésus d'Aurillac. A une heure où la vie religieuse renaissait dans des circonstances qui rendaient plus difficile encore une fondation nouvelle, elle a montré le chemin à Mère des Anges et mis au service de son Institut les richesses de son expérience séculaire : surtout, elle lui a donné deux de ses filles dont le souvenir vivra parmi nous. Ce sont des titres incontestables à la reconnaissance que nous lui gardons toujours.

CHAPITRE III.

Mère Bouchy,
Supérieure de l'Enfant-Jésus d'Aurillac.

La résolution prise par Mère des Anges, de céder la direction de la maison à celle que ses vœux appelaient depuis si longtemps, était trop affermie dans son cœur pour qu'elle ne triomphât pas de tous les obstacles. Mère Bouchy dut céder aux instances de sa compagne et le premier usage qu'elle fit de son autorité fut de la nommer Assistante. L'humble fondatrice remplit cette charge jusqu'à sa mort et s'en acquitta avec un dévouement sans bornes. La Supérieure se réserva le gouvernement intérieur de la Communauté, l'organisation des classes, la conduite du personnel de la Congrégation, la direction des novices. Mère des Anges fut chargée du soin des affaires temporelles qui, en ce temps-là, exigeaient une personne d'un jugement solide et d'une grande habileté.

Le premier soin de Mère Bouchy se porta sur les classes; elles étaient florissantes, et les élèves qui les composaient appartenaient, pour la plupart, aux familles les plus considérables de la ville. Douée d'une grande facilité d'élocution, d'une imagination vive et d'une intelligence qui ne le cédait en rien à ses autres qualités, la jeune Supérieure chercha dans l'étude le moyen de suppléer à ce qui lui manquait, et elle s'y livra avec ardeur. Sa manière de parler était si claire, elle savait si bien se proportionner à son jeune auditoire que les enfants, charmées de ses leçons, proclamaient hautement le profit et l'agrément qu'elles y trouvaient, ce qui accrut la réputation de l'Etablissement et le nombre de ses élèves.

Les progrès que firent alors dans la piété les jeunes filles élevées à l'Enfant-Jésus furent une des améliorations les plus sensibles de cette époque. Leur modestie, leur respect dans le lieu saint étaient surtout remarquables. On les voyait aussi dans la maison d'une docilité et d'une application au travail qui ravissaient leurs maîtresses.

Cependant la Communauté n'avait point de chapelle. Mère Bouchy s'adressa au Vicaire Général du Puy, M. de Mailhet, et, redoutant quelques difficultés dans l'accomplissement de son pieux désir, elle obtint des élèves qu'elles fissent violence au Ciel en répétant souvent ces paroles touchantes : « Seigneur, venez demeurer chez nous; nous aurons bien soin de vous. » Remplies de bonne volonté, toutes s'acquittèrent de cette pratique avec un zèle qui eut plein succès. La permission d'ériger la chapelle et de conserver le Saint-Sacrement ne se fit pas attendre et fut accueillie avec des transports de joie. Le plus bel appartement de la maison fut choisi pour servir d'habitation à Notre-Seigneur et, grâce au bon M. Tallandier, la bénédiction de l'oratoire revêtit un éclat inaccoutumé. Le vœu le plus cher de la Fondatrice était accompli.

Sous l'énergique et actif gouvernement de Mère Bouchy, la maison du Saint-Enfant-Jésus se perfectionnait chaque jour davantage. Les améliorations introduites produisaient les meilleurs résultats. On proclamait hautement les éminentes qualités de celle à qui on les devait. Mais tandis qu'on ne songeait qu'à jouir du bien qui s'opérait, Mère des Anges n'était pas sans inquiétudes pour l'avenir car Mère Bouchy avait été simplement prêtée à la maison d'Aurillac par la Communauté de l'Instruction du Puy. Mgr de Salamon avait succédé à Mgr de Belmont. Ainsi que son prédécesseur, il remplissait les fonctions d'évêque du Puy et de Saint-Flour. La première visite qu'il fit dans son diocèse produisit un merveilleux effet. Il désira voir en particulier les communautés religieuses et fut très bien reçu par la Mère Bouchy et ses nombreuses élèves. Mère des Anges en profita pour recommander à sa bienveillance la situation de sa maison, à la veille de voir rappelée au Puy celle dont la présence à Aurillac semblait nécessaire au succès de l'œuvre qu'elle dirigeait avec tant d'intelligence. Mgr de Salamon devait se rendre au Puy incessamment; il résolut de prendre l'affaire à cœur, d'en parler à Mlle Sénicrose, et de tout arranger avec elle. Sa Grandeur plaida si bien la cause de la Communauté d'Aurillac qu'il ne fut plus question d'en retirer Mère Bouchy. Bien plus, le 11 janvier 1821, par une faveur spéciale, Monseigneur autorisait la Mère Supérieure : 1° à faire sonner l'Angelus afin de gagner les indulgences; 2° à établir dans la chapelle le Chemin de la Croix. Ainsi, peu à peu grandissait l'Institut naissant, devenu déjà une importante maison d'éducation.

En 1824, Mère Bouchy eut la consolation de revoir Mlle Sénicrose et le Couvent de l'Instruction du Puy. En son absence, Mère des Anges gouverna la maison en qualité d'Assistante. Sœur Stanislas fut chargée du Pensionnat et de la première classe externe, alors réunis. Les inquiétudes que le départ de la vénérée Supérieure avait fait concevoir à ses filles furent heureusement dissipées par son retour, et, plus que jamais, elle se livra tout entière à l'importante mission que la Providence lui avait confiée.

L'œuvre des Institutrices pour la campagne prenait à cette époque un grand développement. Plusieurs paroisses avaient demandé des sujets et l'on s'accordait à rendre témoignage du bien opéré par cette branche importante de l'Institut.

Dès 1809, Mère des Anges avait commencé à former des jeunes filles pour l'instruction des enfants de la campagne. En 1824, on comptait trente-quatre établissements de ce genre dans le seul diocèse de Saint-Flour. Une lettre de Mgr de Salamon encourage le développement de cette sorte de tiers-ordre et donne à la vénérée Supérieure les conseils les plus sûrs.

Sa Grandeur approuve aussi les modifications faites au costume apporté du Puy et spécialement l'adoption de la croix d'argent qui distingue la professe de la simple novice. « J'aurais tant aimé un voile », disait souvent Mère des Anges. La bonne fondatrice mourut cependant sans le voir adopté encore par sa Communauté.

Des réparations importantes furent entreprises à cette époque dans la partie de l'immeuble donnant sur la rue du Collège, afin d'agrandir la chapelle, devenue insuffisante.

Animée d'une vive foi, la Supérieure voulut faire graver sur la porte d'entrée : « Jésus, gardez votre maison. » Elle donna ordre aux maçons de tailler sur la pierre, les initiales de cette courte invocation. Dans les constructions faites en 1894, cette pierre a conservé la place d'honneur qui lui fut donnée alors : elle surmonte toujours le grand portail.

Vers la fin de l'été de 1826, le nouveau bâtiment était enfin terminé. De belles solemnités religieuses accompagnèrent l'érection de la chapelle et, pour la première fois, le plain-chant enseigné par M. l'abbé Duyé fut en honneur dans l'établissement, par les soins empressés de Mère Bouchy qui ne dédaignait pas d'en présider elle-même les répétitions.

Le Jubilé de 1826 fut pour elle une occasion nouvelle d'exercer le zèle actif qui la caractérisait. C'est surtout aux approches de la première Communion qu'on la vit redoubler d'ardeur pour mieux disposer les enfants à ce grand acte qui décide parfois de toute une vie. Elle se chargeait elle-même des exercices de la retraite. Plusieurs de celles qui ont assisté à ces pieuses réunions y ont puisé des sentiments de foi, des impressions de pénitence dont elles ont conservé toujours le souvenir. Elle faisait une peinture si juste des inclinations, du caractère, des dispositions de ses jeunes auditrices qu'il était aisé à chacune de se reconnaître dans ces portraits plus ou moins flatteurs. Mais, en montrant le mal, elle en indiquait le remède et les vérités même un peu rudes, étaient acceptées, grâce à la manière attrayante et neuve, au cordial intérêt avec lesquels la vénérable Supérieure savait présenter ses observations.

Si l'année 1826 fut fertile en consolations pour Mère Bouchy, elle apporta aussi à son cœur la plus douloureuse blessure qui l'eût encore atteint. Vers la fin du mois de mai, Sœur Stanislas, après plusieurs années de souffrances rendait à Dieu sa belle âme, laissant dans la chère maison un vide que ses compagnes sentirent vivement. Sœur Stanislas était le bras droit de la Supérieure dans la direction des classes et du noviciat. Elle était d'ailleurs infatigable dans l'exercice de ces emplois et sa vie rappelait celle des parfaits obéissants dont parle Cassien; comme eux, elle laissait, au premier appel de la cloche, la lettre à demi formée. Jusqu'à son dernier moment, elle fut assistée par Mère Bouchy qui lui inspira les sentiments les plus touchants de patience, d'abandon à la Providence, de confiance surtout. Elle s'endormit ainsi, la veille du Bon Pasteur, dans les bras de celle à qui elle devait, après Dieu, le bienfait de sa vocation.

Le deuil planait alors sur la famille de l'Enfant-Jésus; elle perdait successivement ses membres les plus chers et ses bienfaiteurs les plus dévoués.

M. Tallandier s'était montré constamment l'ami et le père de la Communauté. Surpris presque inopinément par la maladie qui l'enleva en trois jours, il accomplit au Pensionnat son dernier acte de zèle. Par testament il léguait à l'Enfant-Jésus un de ses plus beaux ornements, précieux souvenir conservé avec un religieux respect.

Parmi celles qui ressentirent le plus vivement la perte du si dévoué supérieur, Sœur Augustine, déjà sérieusement malade à la mort du saint prêtre, ne devait pas tarder à le rejoindre dans le sein de Dieu.

Mlle Jeanne Comte était née à Vieilles, paroisse d'Ytrac. A quatorze ans elle fut confiée par sa mère à Sœur des Anges et se montra au Pensionnat ce qu'elle avait été dans sa famille, un modèle d'obéissance et de bonne volonté. Son éducation terminée, Jeanne retourna chez ses parents, mais elle n'oubliait pas ses maîtresses et M. Tallandier demeura son directeur. C'est lui qui décida sa vocation, et lui fit entrevoir pour elle la sanctification et le bonheur dans la tâche difficile de l'éducation de la jeunesse. Après bien des luttes et des souffrances intimes, la jeune fille obtint de ses parents profondément chrétiens la permission de suivre l'attrait de son cœur. Sœur des Anges accompagna sa première postulante au Puy pour qu'elle s'y formât à la vie religieuse sous la direction de Mère Bouchy. Mlle Comte édifia ses compagnes par sa régularité et ses vertus. On lui confia même le manuscrit des traditions de la Communauté que l'on tenait des fondateurs. Il lui fut permis d'en faire une copie pour la maison d'Aurillac.

De retour dans son Couvent, Sœur Augustine s'employa tout entière auprès des enfants. Douée d'une belle intelligence et d'une très heureuse mémoire elle possédait la science la plus complète que l'on embrassait à cette époque, mais elle se distinguait surtout dans l'enseignement religieux. L'arrivée de Mère Bouchy fut pour elle une bien douce consolation. L'ouvrage s'accrut en même temps pour Sœur Augustine; à plusieurs emplois auprès des enfants; elle joignit la charge d'infirmière. Son esprit intérieur n'eut cependant pas à souffrir de ses nouvelles occupations. Un jour où le travail avait été plus pressant qu'à l'ordinaire, on lui demandait le soir avec une pointe de raillerie : « Sœur Augustine, à quelle heure avez-vous fait votre méditation ce matin? » — « Ma méditation, dit-elle, oh! je l'ai commencée à mon réveil, et je la finirai ce soir. » Belle réponse, naïf témoignage de l'union à Dieu de cette sainte âme.

Vers la fin de l'année 1828, sa santé donna de vives inquiétudes qui ne disparurent pas avec les soins assidus dont elle fut entourée. La mort en brisant ses chaînes devait combler tous ses vœux; elle la vit arriver avec joie, heureuse d'aller retrouver au ciel Celui qu'elle avait tant aimé ici-bas.

En 1830, la maison reçut une nouvelle preuve de l'attachement de Mgr de Salamon. Ce digne prélat, mort quelques jours auparavant, lui léguait par testament ses burettes d'argent. Mère Bouchy voulut que le nom du donateur fut gravé sur le précieux legs afin de perpétuer le souvenir de ce bienfait.

Mgr de Gualy, nommé sur ces entrefaites évêque de Saint-Flour, devait témoigner à l'Etablissement la même bienveillance que ses prédécesseurs.

CHAPITRE IV.

LA MAISON D'AURILLAC

INDÉPENDANTE DE CELLE DU PUY.

LES deux maisons du Puy et d'Aurillac, quoique posées sur les mêmes bases, différaient essentiellement. Le but de Mère des Anges avait été de fonder une communauté religieuse ; Mère Bouchy l'avait parfaitement compris, et, appelée à lui succéder comme Supérieure, elle devait tendre de toutes ses forces à la réalisation d'un projet inspiré par Dieu lui-même, mûri dans la prière, sanctionné par les Supérieurs ecclésiastiques.

Or, pour remplir cette mission, il avait fallu dépasser en mille rencontres ce que l'on faisait au Puy : ainsi, dans cette Maison, on ne voulait ni vœux ni costume religieux !... Fidèle cependant à ce qu'elle devait à ses premières Supérieures, Mère Bouchy n'entreprenait rien sans les consulter : le moindre changement aux usages et aux réglements devait être approuvé au Puy avant d'avoir force de loi à Aurillac. Rarement, il est vrai, on refusait ces permissions; mais on les faisait longtemps attendre et l'on taxait même de zèle indiscret celle qui croyait devoir les réaliser.

Le projet de former une Communauté vraiment religieuse, d'une part, de l'autre les obstacles suscités par les Supérieures qui se succédèrent au Puy furent pour Mère Bouchy une croix perpétuelle bien lourde à porter, surtout quand elle eut à s'occuper de la rédaction des Règles de l'Institut du Saint-Enfant-Jésus. La vénérée fondatrice, Mère des Anges, s'était réservé l'indépendance de sa Communauté; cependant l'Instruction du Puy constatait avec peine qu'elle usât de son droit. Il était naturel, d'ailleurs, qu'on n'y fût pas très aise de voir la fille dépasser la mère et marcher d'un pas ferme dans la voie des améliorations.

La Mère Chabannes avait succédé à Mlle Sénicrose; elle prit à cœur d'assujettir l'Enfant-Jésus aux usages de la Communauté du Puy. Dans ce but, elle vint à Aurillac, vers la fin de juillet 1830, accompagnée de son Assistante, Mlle Autier, plus tard Supérieure Générale de l'Instruction. Dès les premières conférences, il fut aisé de prévoir qu'on ne pouvait s'entendre. Mère des Anges n'était pas d'avis de sacrifier l'avenir de sa Congrégation; Mère Bouchy eût voulu entrer en accommodement. Elle désirait vivement que la Communauté du Puy adoptât les règles de celle d'Aurillac qui lui semblaient plus propres à procurer la gloire de Dieu. Ce fut la pensée de toute sa vie; la sainte religieuse n'épargna rien pour la réaliser et emporta dans la tombe le regret de n'avoir pu réussir dans son louable projet. Après quelques jours, la Mère Chabannes reprit le chemin du Puy sans avoir obtenu de son voyage le résultat qu'elle en avait espéré.

Il entrait dans les desseins de la Providence que la Congrégation du Saint-Enfant-Jésus devînt indépendante, afin que, plus libre d'exercer son zèle dans le champ d'action qu'elle s'était donné, elle prit peu à peu l'extension considérable où nous la verrons parvenir. Ces heures de crise ne sont pas rares dans les Instituts les plus fervents. Avec des vues de foi également sincères, avec une volonté semblable de procurer la gloire de Dieu, ils peuvent tendre à leur fin par des moyens différents qui expliquent leurs divergences regrettables et leurs pénibles conflits. C'est l'histoire de toutes les œuvres; gardons-nous de les juger. Il faut à chacune l'épreuve de la contradiction qui épure les âmes, les sanctifie et devient une source d'abondantes bénédictions. Celles que le Maître abandonne à leur misère succombent dans ces angoisses; les élues du Seigneur en sortent plus convaincues de leur faiblesse et cette conviction même les garde dans l'humilité, si chère au Cœur de Dieu. Mais, suivant la parole de l'Evangile : « Quiconque s'abaisse sera élevé », la Croix devient pour elles prélude de grâces nouvelles et de faveurs de choix.

Forte de la charité qui anime ses membres et de leur dévouement filial à l'autorité légitime, la Congrégation du Saint-Enfant-Jésus va s'organiser librement et la période qui s'ouvre par la sanction de son indépendance lui donnera, avec les premières approbations épiscopales, le frein béni de la Règle, trait d'union le plus sûr entre les âmes vouées à un même idéal, source de joie et de sécurité.

CHAPITRE V.

Epreuves et Consolations.

UNE fois encore, en 1830, la France était passée par les angoisses d'une Révolution, dont le contre-coup se faisait cruellement sentir. La crise fut cependant de courte durée, mais les angoisses qu'elle causa à Mère Bouchy la laissèrent brisée. Malgré sa souffrance, la vénérée Supérieure se multipliait auprès du troupeau confié à ses soins ; sa seule présence ranimait les courages et stimulait les bonnes volontés. Une lettre de Mgr de Gualy nous en est le précieux garant. Il écrivait le 14 janvier 1832 : « A mon passage à Aurillac, après avoir vu les élèves, ainsi que l'ordre et la bonne tenue de la Maison, je demeure convaincu que l'Etablissement est dirigé par une bonne Supérieure et par un excellent Aumônier. Ce que j'en ai su depuis n'a pu que fortifier en moi cette conviction. Je prie Dieu de tout mon cœur de continuer à répandre ses bénédictions sur un Institut si précieux. »

Et quelques jours plus tard, 30 janvier 1832 : « Je consens volontiers que la rénovation des vœux de vos chères filles se célèbre à perpétuité dans votre chapelle, avec une grande solennité, et que vous ayez, ce jour-là, exposition et bénédiction du Très Saint-Sacrement. Je voudrais, je vous assure, me trouver à cette belle cérémonie pour m'édifier de la ferveur de ces dames, et ajouter quelque chose à la pompe de la fête. »

Le cours des améliorations s'accentuait de plus en plus sous la sage administration de la digne Supérieure. Pour leur donner plus de valeur et de solidité, elle les soumit au jugement de Mgr l'Evêque de Saint-Flour qui répondit le 17 juin 1833 : « J'adresse au Ciel des vœux bien sincères pour qu'Il daigne vous conserver longtemps à une maison à laquelle vous êtes si nécessaire et que vous dirigez si bien. Je n'oublierai pas tout ce que j'ai vu dans la maison du Saint-Enfant-Jésus; je ne cesserai jamais de prendre un vif intérêt à votre Etablissement, dont je viens, à votre demande, d'approuver les statuts. »

Quelques jours plus tard, Mgr de Gualy était appelé à l'archevêché d'Albi et Mgr de Cadalen lui succéda sur le siège épiscopal de Saint-Flour. Mère Bouchy se hâta de placer sa Communauté sous la protection du nouveau prélat; elle lui demanda son approbation pour continuer l'œuvre entreprise sous ses prédécesseurs. L'Evêque de Saint-Flour répondit en termes très bienveillants; il lui accorda « toute latitude pour le bien de sa Communauté qu'il connaissait déjà, disait-il, et qu'il affectionnait sincèrement ».

Au mois d'août 1835, Mère Bouchy obtint, par la médiation de l'Evêque de Saint-Flour, un Père Jésuite de Vals pour donner la retraite annuelle à sa Communauté. Cette retraite, prêchée par le R. P. Rigaud, excita un grand enthousiasme; le passage du saint religieux laissa dans les cœurs un souvenir ineffaçable. Depuis lors, les Exercices de Saint Ignace ont toujours été donnés dans nos maisons par un de ses fils, et la Congrégation est justement fière de la bienveillance spéciale que la Compagnie de Jésus lui a toujours témoignée, en retour de son dévouement le plus fidèle.

Mais tant de grâces de choix devaient être achetées par bien des sacrifices et des immolations silencieuses. La mort vint souvent frapper des coups bien cruels dans la chère famille, durant cette période si féconde qui se terminera par un double deuil des plus pénibles à tous les membres de la pieuse Communauté.

L'année 1830 avait vu s'accomplir la prise d'habit et le départ pour le ciel d'une jeune novice, émule de saint Stanislas dont on lui avait donné le nom.

Marie Lascaux était née à Cros de Monvert en 1811. Son extérieur agréable et sa nature aimante lui valurent au foyer paternel les plus douces prédilections de tous. Très jeune encore, elle entendit l'appel de Dieu qui l'attirait à la vie religieuse, cependant elle en garda le secret jusqu'à la fin de son éducation dans le Pensionnat d'Aurillac. Ce n'était pas le rêve de ceux qui l'aimaient : elle dut rester chez elle et y attendre l'heure de la Providence. Marie résolut enfin de tenter un grand coup. Elle avait vingt-cinq ans. Son confesseur lui conseillait de partir ; Mère Bouchy consentait à la recevoir. Elle quitta furtivement sa famille et vint chercher un asile dans la maison du Seigneur. « Vous nous arrivez comme saint Stanislas », lui dit en l'accueillant une religieuse. « Puissé-je l'imiter en tout », répondit la pieuse enfant. Son noviciat fut, en effet, marqué au coin des vraies vertus religieuses. On l'appliqua dès son arrivée au travail des classes. D'une intelligence au-dessus de l'ordinaire, Marie sut imposer facilement aux élèves sa douce autorité et leur faire aimer ses leçons. Tout permettait de fonder sur elle les meilleures espérances lorsque, dans l'automne de 1830, elle prit l'habit religieux et le nom de Sœur Stanislas. La Communauté était loin de penser alors qu'une mort prématurée ravirait dans quelques jours cette âme d'élite à l'affection de sa nouvelle famille.

Le 10 décembre, Sœur Stanislas allait recevoir la récompense de son généreux sacrifice.

Le départ pour le ciel de ces belles âmes était une source de bénédictions pour la Société religieuse qu'elles semblaient abandonner ici-bas.

En cette même année, Mère Bouchy reçut la demande de plusieurs Institutrices pour différents diocèses, et Mgr de Gualy consulté par elle lui répondit gracieusement : « Je trouve très à propos que vous placiez de vos institutrices dans les diocèses voisins; il est juste que nous fassions part de nos richesses. »

A la fin de 1830, la Congrégation fit encore une grande perte en la personne de Mlle Bétaillon, un de ses sujets les plus distingués.

Mlle Virginie Bétaillon, en religion Sœur Baptistine, avait eu le bonheur de naître dans une famille éminemment chrétienne. Clavières, dans la Corrèze, fut son berceau. Ses parents, aussi vertueux que favorisés de la fortune n'épargnèrent rien pour donner à leurs nombreux enfants une éducation religieuse et soignée. Virginie, l'aînée, fut confiée au Pensionnat du Saint-Enfant-Jésus d'Aurillac où elle se montra également pleine d'ardeur pour la piété et pour l'étude. Elle savait joindre à des goûts sérieux tant de gaieté, de naïf abandon que tout le monde la chérissait. M. et Mme Bétaillon sentirent quel sacrifice immense leur demandait le Bon Dieu en appelant leur enfant à la vie religieuse; toutefois ces héroïques chrétiens n'hésitèrent pas à lui donner leur assentiment. Laissant auprès de ses parents cinq frères dont la plupart moururent très jeunes, Virginie commença son postulat en septembre 1830. Dès son entrée au noviciat, elle montra pour la vie cachée un attrait qui ne se démentit plus. Après sa prise d'habit, Sœur Baptistine eut quelques emplois auprès des enfants. Vingt ans plus tard, une de ses élèves aimait à redire l'amabilité, l'égalité d'âme, la douce piété de sa maîtresse.

Mais le Seigneur n'avait pas destiné cette fervente religieuse à un long apostolat sur la terre. Bien jeune encore, il la plaça, le 17 novembre, dans la Communauté de l'Enfant-Jésus qui se formait déjà nombreuse au ciel. Sœur Baptistine n'avait cessé de répéter dans ses heures d'agonie : « Que je suis heureuse de mourir dans cette sainte maison, après m'être donnée tout entière au Bon Dieu. »

« Et maintenant, ce sera mon tour », murmura l'infirmière, à deux ou trois de ses sœurs, près de la couche funèbre où reposait la chère disparue. Que voulait-elle dire? Sa santé était robuste, sa mine rassurante, ses paroles toujours mesurées; que signifiait donc un tel langage? L'énigme, six mois après, était mise au grand jour : Sœur de la Présentation rendait à Dieu sa belle âme. Elle mourait dans un acte de charité héroïque, après avoir fait le sacrifice de sa vie pour obtenir la guérison d'une personne bien utile alors à la Congrégation. Les nombreuses notes écrites sur Sœur de la Présentation enveloppent de mystère cette grande circonstance de sa vie; il en ressort cependant que Mère Bouchy était très fatiguée au moment où la sœur offrit son holocauste et que la date de la mort de celle-ci coïncide précisément avec l'époque où la vénérée Supérieure commença à retrouver ses forces.

Sœur de la Présentation était une religieuse dans toute la réalité et la grandeur du mot. Sa famille habitait la Feuillade, paroisse de la Capelle en Vézie (Cantal). Elle était fort recommandable par sa foi patriarcale, conservée de génération en génération, et par sa charité universellement reconnue. Désireux de voir leurs enfants conserver les traditions de famille, et craignant pour eux de fâcheuses influences, M. et Mme Lieucade résolurent de garder leur jeune famille auprès d'eux. Un bon précepteur fut choisi : garçons et filles suivaient les mêmes cours, ce qui valut à la petite Cécile d'acquérir une connaissance du latin bien rare encore à cette époque. Elle fit sa première communion comme un ange. Dès ce moment (bien qu'elle ne connût point de religieuse), elle se sentit inspirée de ne chercher que Dieu en toutes choses. Des chagrins de famille la retinrent longtemps au foyer paternel. C'est en 1825 qu'elle put enfin faire son premier pas dans la Religion; elle était âgée de vingt-trois ans: Sœur de la Présentation fut, pendant son noviciat, ce qu'elle devait être jusqu'à la fin de ses jours : le modèle et l'édification de ses compagnes. Ni ses malades, ni ses élèves ne se doutèrent de la contrainte que la chère sœur était obligée de s'imposer pour les servir avec tant de dévouement et d'amabilité; par une permission de Dieu, les sécheresses et les dégoûts abreuvèrent ses dernières années. Seule Mère Bouchy disait quelquefois : « Si Sœur de la Présentation vient à mourir avant moi, je révèlerai bien des choses. » Mais Sœur de la Présentation, toujours fidèle à elle-même, mourut simplement, humblement, comme elle avait vécu, le 6 juillet 1834, et Mère Bouchy, on ne sait pourquoi, ne parla jamais de sa vertueuse fille.

Nous avons vu Sœur des Anges quitter Leyrit et se rendre au Puy avec Mlle Andrieux qui prit l'habit en même temps qu'elle et reçut le nom de Sœur Madeleine. Elles se suivirent aussi de bien près dans la tombe. Sœur Madeleine succomba en 1834, après quelques heures de grandes souffrances qui lui laissèrent la consolation de recevoir les derniers sacrements et d'édifier ses sœurs par ses sentiments de piété et de religieuse humilité. Mère des Anges ne devait lui survivre que trois ans. Mais dans l'intervalle, Mère Bouchy ferma encore les yeux à une de ses premières compagnes, venue comme elle de la Haute-Loire, Mlle Marie Valentin, en religien Sœur Saint-Géraud.

Sœur Saint-Géraud avait vu le jour à Craponne; de grands malheurs de famille donnèrent à son enfance une maturité précoce. Son père mourut du chagrin que lui causa la perte de sa fortune et Marie, la fille aînée, aida sa mère à pourvoir à la subsistance d'une nombreuse famille. Quand ses frères eurent grandi et furent en état de prendre soin de leur mère, Marie suivit le vif attrait qui la poussait vers le Couvent de l'Instruction du Puy. Elle y était depuis quelque temps et sa conduite lui avait acquis l'estime générale, lorsque Mère Bouchy fit un voyage dans la capitale du Velay. Sa maison manquait alors de sujets : Marie Valentin fut proposée et acceptée. Admise au noviciat, la jeune fille se fit remarquer par une grande piété et un zèle infatigable. Après le temps marqué par les Constitutions, elle prit l'habit religieux et le nom de Sœur Saint-Géraud.

Dès son noviciat, Sœur Saint-Géraud fut chargée de la classe gratuite. Elle y établit une régularité et un ordre parfaits; les enfants gagnèrent beaucoup sous tous les rapports et en particulier pour la piété. Un tel début engagea sa Supérieure à confier à la jeune sœur la seconde classe des Institutrices, sous la direction de Sœur Madeleine. Sœur Saint-Géraud apporta à ce nouvel emploi toute l'ardeur que lui inspirait son zèle. Les élèves, la plupart grandes jeunes filles, prirent un élan sérieux vers le devoir et firent de rapides progrès dans les sciences. La plus parfaite harmonie régnait entre les deux maîtresses. Après la mort de Sœur Madeleine, la direction des Institutrices fut confiée à Sœur Saint-Géraud. Déjà souffrante de la maladie qui devait l'emporter, elle fut envoyée au Puy pour refaire ses forces, et y fut employée, dès que sa santé le lui permit, au noviciat des Institutrices. Rappelée à Aurillac, elle y reprit ses anciennes fonctions, cherchant surtout à inspirer à ses élèves l'horreur qu'elle ressentait pour le monde et ses futiles plaisirs. Trois ans après, elle succombait doucement et sans angoisse, laissant le souvenir d'une maîtresse consciencieuse et très expérimentée.

Nous voici en 1839. Depuis deux ans, Mère des Anges est atteinte de graves infirmités qui la poussent lentement vers la tombe. L'heure de la récompense va bientôt sonner pour elle. Depuis l'arrivée de Mère Bouchy à Aurillac, la vénérée fondatrice de l'Enfant-Jésus semblait avoir pris à tâche de s'effacer de plus en plus. Dieu n'opère que dans l'humilité, et l'œuvre de cette grande âme ne prit en peu de temps une si rapide extension que par l'effacement volontaire de celle qui s'oubliait complètement elle-même pour travailler, dans le silence, à la gloire de Dieu et au bien des âmes. Notre-Seigneur a sauvé le monde par l'humiliation et la croix. C'est par les mêmes moyens que les apôtres, à travers les âges, continuent sa mission rédemptrice. Voilà ce qui explique la vie tout entière et surtout les dernières années de Mère des Anges. Choisie de Dieu pour le salut d'un grand nombre, c'était au prix de la plus complète abnégation d'elle-même qu'elle accomplissait chaque jour les desseins secrets de la Providence. Avec la sûreté de jugement qui la caractérisait, elle se rendait bien compte des besoins de l'œuvre qu'elle avait fondée : sentant qu'il manquait encore quelque chose aux maîtresses de classe, elle eût désiré envoyer quelques bons sujets à Paris pour s'y perfectionner dans la méthode de l'enseignement et dans l'organisation d'un grand Pensionnat. Toujours paralysée par la crainte de déplaire au Puy, Mère Bouchy torturait son cœur et la vénérable fondatrice ayant, à son tour, son Gethsémani, s'écriait parfois : « Que Dieu est bon de me détacher de la sorte de tout appui humain ; oui, oui, que sa volonté soit faite toujours. »

Cependant, la santé de Mère des Anges s'affaiblissait de plus en plus. Mère Bouchy n'épargna rien de ce qui pouvait lui rendre des forces usées par un incessant travail et des préoccupations de toutes sortes. Elle ne quittait plus la chère malade et s'ingéniait à lui procurer soulagement et consolation. Mais l'humble servante de Dieu avait accompli sa tâche : au ciel, la couronne l'attendait. Après une nuit de cruelles souffrances, pendant laquelle toute la tendresse renfermée dans ce cœur si bon s'épancha avec effusion sur les Sœurs qui l'entouraient, la sainte fondatrice rendit à Dieu sa belle âme.

C'était désormais dans le ciel qu'elle allait travailler au bien de sa chère Congrégation.

Peu de jours avant sa mort, assise encore devant la croisée de sa chambre, elle contemplait la maison de Lalaubie et le pré qui dominait l'enclos. « Oh! dit-elle à Mère Bouchy et à sa petite-nièce, Mère Augustine, si je vais près du Bon Dieu, vous ne tarderez pas à avoir tout cela? » Quelques mois plus tard, M. de Lalaubie passait avec le Couvent de l'Enfant-Jésus, l'acte de vente de sa maison. Le lendemain il avouait que la chose s'était faite d'une manière étrange et qu'il ne céderait à aucun prix le bâtiment s'il était encore libre d'en disposer.

Le deuil fut immense dans la maison du Saint-Enfant-Jésus à la mort de celle que toutes les religieuses aimaient et vénéraient comme une sainte. Sa charité était sans bornes : son indulgence maternelle tout en blâmant les torts laissait percer l'affection pour les coupables; aussi sa perte laissa-t-elle un vide cruellement senti. Les ouvriers eux-mêmes subirent l'influence de ce cœur magnanime et la mort de Mme Maisonobe fut pleurée par ces braves gens comme celle d'une bienfaitrice et d'une mère.

Sœur Séraphine ne tarda pas à suivre Sœur des Anges. Joséphine Mailhes, par la douceur de son caractère, avait été la consolation de ses parents. Au Pensionnat, une grande intimité s'établit entre elle et Mlle Maisonobe, plus tard Mère Louise. Des relations de famille, la proximité de leurs demeures, les mêmes desseins rapprochèrent les deux jeunes filles.

Malheureusement, à toutes les qualités de l'esprit et du cœur, Joséphine joignait une mauvaise santé; elle voulait pourtant être religieuse. Mme Mailhes ne recula pas devant le sacrifice de la séparation, mais elle exigea que sa fille entrât dans une Communauté où la vie fût moins pénible que dans un Ordre enseignant. Joséphine commença donc son noviciat au Monastère de la Visitation d'Aurillac. Elle ne put s'y acclimater et en sortit au bout de quelques mois pour retourner à la maison de son cœur et de son choix, au Couvent du Saint-Enfant-Jésus.

Mlle Mailhes fit son noviciat avec la ferveur d'une âme qui a compris les obligations de la vie religieuse. Son amour de l'étude et ses connaissances variées se mêlaient agréablement à ses dons surnaturels. Sa vêture fut la première qui eut lieu en public dans la chapelle de l'Etablissement le 23 mai 1826 et ce fut à la profession de Sœur Séraphine, l'année suivante, que les trois vœux de religion furent prononcées pour la première fois. Jusque-là, les professes n'avaient fait que le vœu de chasteté. M. Tallandier voulut donner à cette cérémonie toute la solennité possible. Pendant plusieurs années, Sœur Séraphine s'occupa avec succès de la première classe externe; mais l'heure de la souffrance était venue pour elle. Cette fervente religieuse avait prié Dieu de lui faire faire son purgatoire ici-bas. Elle fut exaucée, dans une si large mesure que, brisée par les peines physiques et morales, elle disait parfois à ses compagnes : « Oh! je ne conseillerai jamais à personne de demander la faveur que j'ai implorée moi-même. » Chargée du soin des novices, elle ne remplit que peu de temps ces nouvelles fonctions, y donnant à ses filles l'exemple des plus solides et plus aimables vertus. Son amour ardent pour le Sacré-Cœur était le secret de sa constante générosité. Elle avait obtenu de faire de sa divine image la marque distinctive des objets à son usage. Dans les résolutions écrites quelques jours avant sa mort et signées de son sang, elle disait : « Moi, Sœur Séraphine du Sacré-Cœur de Jésus renonce de mon plein gré et pure volonté, malgré le cri de la nature, les doléances de l'amour-propre, les instances et l'agonie du moi humain, à toutes consolations divines et humaines, m'abandonnant entièrement à la Sainte Famille Jésus, Marie, Joseph, pour qu'elle accomplisse en moi, en toutes choses, ses adorables desseins. Je me soumets entièrement à l'oubli, à l'indifférence et je veux toujours vous bénir de ce que toutes les créatures me renvoient à vous. Je vous demande pardon de ce que je n'ai pas toujours fait ainsi. Voilà, Seigneur, le sacrifice que vous me demandez et je suis bien fâchée de vous l'avoir si longtemps refusé. Si vous voulez quelque chose de plus de moi, donnez-le moi pour que je vous le donne, car je ne tiens plus à rien. » Comme le matin de sa mort, elle demandait à recevoir encore une fois le Bon Dieu : « Mais vous avez communié hier en viatique, lui dit-on à regret, vous ne pouvez le faire aujourd'hui. » — « Oh ! répondit la pieuse mourante, si je ne puis le recevoir ce matin, je le verrai ce soir. » Et, le soir venu, la prédiction de Sœur Séraphine s'était accomplie.

Dans cette même année 1839, au mois de septembre la Congrégation des Enfants de Marie fut érigée dans la chapelle par les soins du R. P. Neyraguet. La première réception des Congréganistes se fit avec une grande solennité. M. l'abbé Aymar se chargea de la direction de cette nouvelle œuvre. Jusqu'à sa mort, il présida les réunions de chaque samedi, et sa parole pleine de zèle et de tendre dévotion envers Marie ne contribua pas peu à donner à sa chère Congrégation le pieux élan qu'elle prit dès son début.

La Communauté perdit l'année suivante un protecteur bien dévoué dans la personne de Mgr de Cadalen. Mgr de Marguerye, appelé à lui succéder sur le siège de Saint-Flour, ne se montra pas moins favorablement disposé pour la Congrégation du Saint-Enfant-Jésus.

Vers la même époque, l'Institut recevait de l'archi-confrérie de Notre-Dame des Victoires établie à Paris, l'invitation à s'agréger à l'œuvre de M. l'abbé Desge-nettes. Mère Bouchy se hâta de profiter d'une offre si avantageuse au bien spirituel de sa Communauté. L'acte d'agrégation ne se fit pas attendre; il fut reçu avec bonheur dans une maison où le culte de Marie était déjà en si grand honneur.

Les vacances amenèrent un repos bien nécessaire. Mère Bouchy en profita pour se rendre à Vals, afin de s'entendre avec le Supérieur des Jésuites sur les moyens à prendre pour le perfectionnement de l'Institut et surtout pour la rédaction des Règles. Il fut convenu qu'un Père Jésuite s'en occuperait avec tout le soin que demandait une chose de si haute impor-tance.

Le retour de Mère Bouchy à Aurillac fut attristé par la mort de la dernière survivante des premières com-pagnes de la Fondatrice, Sœur Thérèse, qui, après une existence de labeur et de dévouement alla retrouver au ciel sa tante vénérée.

La santé de Mère Bouchy allait toujours en décli-nant; préoccupations et travaux minaient ses forces. Cependant, à l'annonce du grand Jubilé accordé à la seule ville du Puy, elle se flatta de pouvoir encore vi-siter le sanctuaire privilégié de la Reine du Ciel. Dans cet espoir, elle rassembla toutes les notes nécessaires pour la rédaction des Règles et se mit en route au mois de mars 1842, accompagnée de trois de ses sœurs. Elle fut accueillie au Puy avec la plus vive affection, mais bien grande fut la tristesse des adieux dans cette sé-paration que l'on sentait être la dernière.

Mère Bouchy arriva enfin à Aurillac après bien des fatigues et des souffrances. « La lame a usé le four-reau » dirent les médecins consultés à son sujet. La

Communauté obtint que l'excellente Supérieure laissât faire son portrait. Elle voulut qu'on la peignît devant l'image de Marie, dans l'attitude d'une suppliante. Pendant l'été, la maladie augmenta progressivement et l'alarme se répandit dans la famille menacée d'un nouveau malheur. La digne Supérieure elle-même, sentant tout ce qu'il lui restait à accomplir pour consolider son œuvre demanda encore au Seigneur quelques jours de travail; tous les cœurs oppressés multipliaient leurs ardentes supplications.

Pour dernière ressource, ou eut recours à Notre-Dame des Neiges et l'on fit une neuvaine dans la chapelle qui lui est dédiée à Aurinques. On obtint même, par un privilège qui ne s'est jamais renouvelé, que la statue miraculeuse fût portée dans la chambre de la malade; elle y demeura trois jours. Dieu ne jugea pas comme les hommes; il avait hâte de récompenser sa fidèle servante. Plus on priait, plus le mal devenait intense. Le 7 août 1843, Mère Bouchy exhala son dernier souffle en murmurant le « Salve Regina » qu'elle aimait tant. Jamais une pareille affliction n'avait pesé sur la Congrégation du Saint-Enfant-Jésus. La pensée de retrouver bientôt dans le sein de Dieu celle qui les avait tant aimées ici-bas put seule adoucir les regrets de ses filles désolées. Le souvenir des vertus de leur sainte Mère excite encore entre elles une noble émulation à marcher sur ses traces vénérées et bénies.

CHAPITRE VI.

MÈRE LOUISE.

Si le temps manqua à Mère Bouchy pour l'achèvement de l'œuvre à laquelle elle avait voué sa
vie, les fondements qu'elle avait posés rendirent la
tâche plus facile à celle que la Providence destinait à
lui succéder. Lorsque pour la première fois les religieuses du Puy parurent au milieu des enfants si
heureuses de les accueillir, l'une d'elles leur exprima
au nom de toutes les meilleurs souhaits de bienvenue.
Mlle Joséphine Maisonobe, petite-nièce de la Fondatrice, choisie pour cette délicate mission, s'en acquitta
avec tant de grâce et de sentiment que Mère Bouchy
fixant son regard sur cette riche nature, comprit tout
ce qu'elle pouvait en attendre. Elle ne cessa depuis de
demander à la Providence l'enfant bien-aimée qui devait être la seconde Fondatrice de la Congrégation du
Saint-Enfant-Jésus.

Joséphine fréquenta de bonne heure la maison qui
devait tout à sa grand'tante. C'était une enfant vive,
pétulante, au caractère légèrement porté à la domina-
tion; mais au cœur si bon, si expansif, que ses compagnes se rangeaient elles-mêmes et avec bonheur sous
sa conduite. Mère des Anges s'attacha à développer
dans sa petite-nièce les germes précieux de vertus de

premier ordre; elle attaqua avec non moins d'énergie ses défauts naissants et les corrections manquaient moins à Joséphine qu'à toute autre. Mère Bouchy suivit la même ligne de conduite. Dès lors, l'enfant fit de grands progrès dans la piété et dans les sciences humaines; elle aima sincèrement son Couvent et toutes ses maîtresses. Avec celles-ci, un abandon filial la portait à penser tout haut. On l'entendait regretter souvent d'être trop jeune pour se consacrer au Seigneur; mais la pauvre petite avait bien des luttes à soutenir avant de réaliser les pieux désirs de son âme impatiente. Sa santé s'altéra visiblement vers l'âge de quatorze ans : Madame Maisonobe garda désormais sa fille auprès d'elle pour la soigner avec le dévouement le plus absolu. Joséphine devint timide ; elle se replia sur elle-même et, sa fatigue croissant avec les années, la jeune fille en arriva à conclure que Dieu ne l'appelait pas à la vie religieuse, puisqu'Il lui retirait les moyens d'y arriver. La famille, qui avait craint un moment d'être obligée de donner au Seigneur cette fille chérie, faisait d'ailleurs son possible pour l'éloigner de ses anciennes maîtresses. Après avoir usé pendant quelques jours d'un pieux stratagème pour leur écrire encore, Joséphine se résigna, malgré de vifs remords, à vivre dans le monde.

A cette époque, Sœur Stanislas s'éteignait au Couvent du Saint-Enfant-Jésus, après une trop courte existence. « Oh ! dit-elle, si je vais au ciel, Joséphine sera bientôt au Couvent. » Sa mort fut, en effet, le réveil de la jeune fille. Poussée par la grâce, elle était, un an après, au noviciat de la Congrégation. Elle écrivait alors ces lignes qui peuvent être considérées comme le programme de sa vie religieuse.

« M'y voici donc, Seigneur, votre main paternelle m'a conduite dans le saint asile de la vertu, des combats et de la paix. Que j'ai bien sujet, mon Dieu, d'admirer votre miséricorde et votre puissance, de me convaincre de cette vérité que je n'ai point encore goûtée : les instruments les plus faibles sont ceux qui vous conviennent le mieux. Mes infidélités n'arrêtent pas votre bras tout-puissant; j'en ai fait l'heureuse expérience. Dans le temps où je vous oubliais, vous m'avez forcée à reconnaître le néant de tout ce qui n'est pas vous.

» Que ferai-je, Seigneur, pour vous témoigner ma reconnaissance? Vous savez que je ne puis vous offrir que défauts et faiblesse pour la vertu, mais j'implorerai le secours de votre grâce et, avec elle, je prends la ferme résolution de sacrifier mon penchant aussi souvent qu'il sera d'intelligence avec la nature que je veux vous immoler, et en contradiction avec les vertus d'humilité, d'obéissance, de simplicité, auxquelles je veux m'appliquer sans délai, sans restriction et sans ménagements, heureuse de pouvoir vous prouver, par le sacrifice de mes inclinations les plus chères, que c'est vous que je choisis pour modèle et pour partage.

» Agrandissez mon courage, montrez-moi le chemin le plus court pour arriver à votre Crèche et à la perfection d'un Institut qui a pour fondement l'humilité, pour objet l'instruction de la jeunesse et pour unique fin la plus haute sainteté. Ne permettez pas que le canal puisse infirmer la marche vivifiante des eaux dont vous êtes la divine source. Mon cœur, jaloux de ne se fier qu'à vous, de ne tendre qu'à vous, vous abandonne le choix des moyens, mais il vous veut exclusivement vous-même et vous seul pour but suprême de ses constants efforts. »

La généreuse demande de la novice fut exaucée; elle apporta beaucoup de fidélité à la grâce et les épreuves ne lui furent pas ménagées. Sa santé donnait toujours de vives inquiétudes; ni sa famille, ni la Communauté n'osaient lui permettre de prendre des engagements qu'un tempérament trop faible semblait devoir lui interdire. Mademoiselle Maisonobe dut prolonger son noviciat pendant cinq ans. Mais Dieu avait des desseins de miséricorde sur cette belle âme; les forces revinrent insensiblement à Sœur Louise. Elle put même, aussitôt après sa profession, s'occuper activement des pensionnaires. C'est alors que commença de se développer cet empire absolu qu'elle devait plus tard exercer sur les âmes. Son autorité toute de dévouement affectueux, de bonté maternelle, de douce fermeté, d'oubli d'elle-même subjuguait les cœurs, les inclinait à l'obéissance et au devoir avec cette force que Dieu a cachée dans la vertu. Parmi les enfants si nombreuses et de caractère si différents que Mère Louise eut à former il n'est point resté le souvenir d'une seule qui résistât à l'heureuse influence de cette excellente maîtresse. Les natures les plus indomptables étaient contraintes de plier sous le joug de la discipline; mais, en se pliant, elles aimaient la main habile qui leur faisait violence et tout était gagné.

Bientôt Mère Louise joignit à son travail au Pensionnat, le difficile emploi de Maîtresse des novices. Rien ne saurait dire l'accent ému de quelques-unes de ses filles parlant, un demi-siècle plus tard, des jours heureux de leur noviciat. Aussi, lorsque Mère Bouchy mourante la désigna pour lui succéder dans la lourde charge de la Supériorité, ce fut d'une voix unanime que tous les membres de la Communauté souscrivirent à cet heureux choix. Mère Louise était alors âgée de trente-trois ans; elle gouverna la Congrégation pendant vingt-un ans.

Un des premiers actes de l'administration de la nouvelle Supérieure fut de mettre à exécution un projet, déjà l'ardent désir de la Fondatrice. Au mois de septembre 1843, Mère Louise résolut d'envoyer quelques-unes de ses filles à Paris, dans une grande maison d'éducation, où elles se perfectionneraient dans la méthode pédagogique et se formeraient à la direction d'un Pensionnat. Elle eut à ce sujet une conversation intime avec une de ses religieuses que son intelligence supérieure, sa belle éducation et son profond amour pour la Maison rendaient propre à cet acte de dévouement. Sœur Xavier devina les désirs de sa Supérieure et s'offrit à elle de grand cœur si son voyage à Paris pouvait être de quelque utilité pour l'Institut.

Par un choix des plus heureux, c'est vers le Couvent des Oiseaux que fut dirigée la jeune religieuse, et la Providence disposa si bien les événements que ce séjour dans la Capitale ouvrit des horizons nouveaux à la vive intelligence de Mlle Poitevin, si apte à s'assimiler tout ce qui pouvait développer en elle le sens pédagogique, mis au service du dévouement le plus absolu à sa chère Congrégation.

« Les Oiseaux » sont un gracieux surnom donné au Pensionnat que les religieuses de Notre-Dame, chanoinesses régulières de Saint-Augustin, établirent rue de Sèvres en 1818. Les gloires et les meilleurs souvenirs de cette maison d'élite s'incarnent à cette époque dans la Révérende Mère Sophie qui la gouverna de 1819 à 1863, avec une sagesse égale à sa bonté. Autour d'elle vinrent se grouper, en véritables pléïades, les intelligences supérieures et les grandes âmes. Une de ces réunions les plus remarquables fut peut-être celle qu'abritait dans ses murs en 1840 le noviciat du Monastère « le noviciat introuvable » comme on aimait à l'appeler.

Lorsque, trois ans plus tard, Mère Xavier sera dirigée par Mère Louise vers ce Pensionnat florissant, elle y sera à bonne école. Avec la Révérende Mère Sophie, elle y rencontrait Mère Saint-Jérôme dont la plume si autorisée de Louis Veuillot devait faire plus tard, dans l'*Univers*, un magnifique éloge. « Chargée pendant vingt-cinq ans de la classe supérieure, elle enseignait avec autant de charme que d'intérêt, elle élevait avec autant de charité que d'autorité. Une religieuse n'est pas seulement une maîtresse, elle est une mère : ses élèves restent ses enfants; elle les suit et des yeux et du cœur; elle les dirige encore dans la vie. La Mère Saint-Jérôme avait excellemment ce don exquis et supérieur, ce don d'aimer que Dieu distribue à ceux qu'il a véritablement faits pour enseigner? »

Une profonde affection unit bientôt la maîtresse et l'élève, si digne de la comprendre, Mère Xavier avait trouvé le modèle qu'elle eut à cœur de reproduire plus tard aussi parfaitement que possible. Elle apprit ainsi l'art d'exercer une influence vraiment salutaire sur les grandes élèves qui devaient lui être confiées à son retour.

De son côté, Mère Sophie s'ingéniait à procurer à la jeune religieuse les meilleurs moyens de mettre à profit son séjour dans la capitale. Les journées se succédèrent rapides, amenant sans cesse entre les Dames des Oiseaux et leur élève privilégiée de nouveaux traits de dévouement et de délicatesse d'une part, de l'autre, toujours plus de reconnaissance et de filial abandon.

Il était déjà question de retour et, avant son départ, Mère Xavier caressait le projet de voir Mère Louise à Paris. Les Supérieurs de la Maison comprirent l'utilité de ce voyage et la proposition fut acceptée avec joie. Mère Sophie, naturellement bonne, prévenante jusqu'à l'exquise délicatesse, sembla se surpasser elle-même. Elle eut pour la Supérieure générale du Saint-Enfant-Jésus, des égards tout particuliers. M. Aulanier, le sympathique et savant Aumônier des Oiseaux, eut la complaisance de faire confectionner pour le Pensionnat d'Aurillac un album de gravures empruntées à la collection des peintres les meilleurs. Il donna à Sœur Xavier des échantillons de coquilles qui devaient former la base du cabinet d'histoire naturelle, si complet dans la suite, et dont on pouvait tirer de grands fruits pour l'instruction des enfants.

Si la séparation fut pénible pour Sœur Xavier, la

perspective d'un revoir bien doux en adoucit l'amertume. La rentrée des élèves approchait. L'heure était favorable pour réaliser les projets en germe et en théories. Le bon esprit des religieuses et les efforts de la jeune Maîtresse Générale rendirent faciles les améliorations désirées.

Depuis cette époque, les liens les plus étroits unissent les Oiseaux et l'Enfant-Jésus d'Aurillac. Aussi, lorsqu'en 1870 la Commune obligea les Maisons religieuses de Paris à chercher un asile en province, une colonie de quinze professes de la rue de Sèvres trouva en Auvergne la plus cordiale hospitalité, aussi longtemps que dura sa cruelle épreuve.

MÈRE LOUISE,
Supérieure Générale de 1843 à 1862.

CHAPITRE VII.

Episode de Lavorr.

L ES années de 1847 et 1848 furent une époque
mémorable dans l'histoire de la Congrégation
par l'essai de fondation religieuse fait à Lavorr
(Cantal), à la demande de Mme de Bassignac.

Mlle Fernande de Jaubert avait vu le jour à Metz ;
toute jeune elle épousa M. de Bassignac, qui possédait en Auvergne de belles propriétés, près de Mauriac, et c'est dans cette localité que M. et Mme de
Bassignac fixèrent leur résidence. D'un caractère vif
et ardent, la vicomtesse se fatigua vite de l'existence
monotone d'une petite ville ; elle imagina de faire
construire un château du meilleur goût, entouré de
plantations, qui firent de ce nouveau séjour un lieu
enchanté, rendez-vous du beau monde de Mauriac et
des environs. Ce n'étaient que fêtes, banquets, parties de chasse, etc. Tout cela devait finir bien triste-
ment, et Mme de Bassignac resta seule à la tête d'une
fortune assez considérable. Touchée de la parole de
M. Murat, le célèbre prédicateur de nos montagnes,
elle résolut, n'ayant pas d'enfants, de consacrer à
quelque fondation pieuse une partie des biens qu'elle
possédait.

Une école gratuite lui sembla, d'abord, le moyen

le plus pratique de se rendre utile au pays. Plus tard, cette œuvre obscure ne lui parut plus suffisante : elle songea à former un établissement qui réunît tous les genres d'instruction et pourvût à toutes les nécessités : soin des malades, maison de retraite, pensionnat, école normale, noviciat des institutrices, orphelinat... Cette étrange réunion d'œuvres si différentes ne lui parut pas au-dessus de ses forces. Il lui fallait des aides, elle sut en trouver.

Quand elle eut rassemblé autour d'elle quelques jeunes filles, elle voulut leur donner une supérieure. Ses instances obtinrent de Mme Barat, supérieure générale du Sacré-Cœur, un sujet très capable, Mme d'Olivier, qu'elle plaça à la tête de sa maison. Dès l'abord, ces deux âmes parurent s'entendre admirablement. Mme de Bassignac vit déjà ses projets en pleine prospérité : un magnifique bâtiment s'éleva non loin du château. Mgr de Marguerye s'y rendit pour en poser la première pierre.

Cette cérémonie se fit avec une pompe extraordinaire. Les quatre communes voisines s'y trouvaient représentées, enseignes et bannières déployées. La châtelaine était au comble de la joie. Mais l'entente ne dura guère entre la supérieure et la fondatrice, et la première dut se retirer.

Après cette rupture, Mme de Bassignac se donna le rôle de supérieure, et la communauté, organisée tant bien que mal, continua ses œuvres.

En 1847, Mgr de Marguerye, faisant sa tournée épiscopale dans son diocèse de Saint-Flour, vint à Aurillac et visita « l'Enfant-Jésus », selon sa coutume. Il y parla des inquiétudes que lui causait cette maison de Lavorr. Il n'avait donné à Mme de Bassignac que l'année qui venait de s'écouler pour fixer ses irrésolutions et adopter la règle d'une maison religieuse existante. Le prélat se rendait à Lavorr pour régler définitivement cette question. Le voyage de Sa Grandeur à Mauriac dura peu. Il était de retour à Aurillac le lendemain. Il confia à Mère Louise que l'entente avait été impossible. « J'ai proposé votre Maison à Mme de Bassignac, ajouta Monseigneur ; je l'ai assurée qu'elle y trouverait ce qu'elle désire ; que je vous voyais progresser rapidement. Vous avez une partie des œuvres qu'elle projette, poursuivit le prélat, puisque vous formez des institutrices pour les campagnes. Il ne resterait qu'à vous charger des orphelines, à former des sœurs hospitalières ; votre Congrégation trouverait dans l'affiliation de cette œuvre le grand avantage d'avoir un établissement magnifique dans l'arrondissement de Mauriac. »

Etrangement surprise de la proposition de son évêque, Mère Louise répondit d'une façon un peu évasive ; mais l'insistance de Monseigneur pour obtenir d'elle un voyage immédiat à Lavorr la laissa dans un grand embarras. Cet ordre venant du premier supérieur ne lui permettait aucune tergiversation ; et cependant, cette fondation lui paraissait hérissée de peines et de difficultés de toutes sortes.

Au mois de mai 1847, Mère Louise et Sœur Xavier se mirent en route pour Mauriac, où les attendait la voiture de Mme de Bassignac. La vicomtesse, bien disposée en leur faveur, se montra charmante, quoique parfois un brusque changement d'attitude vînt justifier les craintes trop légitimes de la supérieure du Saint-Enfant-Jésus. Il serait trop long et très superflu de raconter les vicissitudes de ce projet, qui aboutit à une fondation. Mère Saint-Régis fut nommée supérieure, Sœur Joséphine, assistante et directrice de l'orphelinat, Sœur Alphonse, économe, les Sœurs Saint-Bernard, Saint-Paul et Ignace devaient s'occuper du pensionnat et des institutrices. Deux sœurs converses, Sœur Marie et Sœur Agnès, leur étaient adjointes : elles furent plus tard renforcées de deux novices. Leur départ marqua une innovation remarquable. Mère Louise profita de la circonstance pour faire au costume quelques modifications importantes. Elle adopta définitivement le voile, objet constant des désirs de Mère des Anges ; l'ancienne guimpe fut aussi transformée.

Il était sept heures du soir quand la petite communauté arriva dans son nouvel établissement. Les premières compagnes de Mme de Bassignac s'étaient retirées ; les religieuses venues d'Aurillac devaient suffire à la tâche.

C'était d'abord Mère Saint-Régis, dans le monde Justine Sérieys, de Peyrelevade, dans le canton de Laroquebrou. Douée d'une parfaite distinction, Mère Saint-Régis savait allier une grande fermeté de caractère à une exquise politesse. Successivement supérieure de Lavorr et maîtresse des novices à Aurillac, elle donna partout des preuves d'un jugement sûr et d'un véritable esprit religieux. Elle mourut en 1866.

La confiance en Dieu, le courage et l'énergie de Mère Joséphine triomphaient de tous les obstacles. Son esprit de pauvreté ne redoutait aucune privation. Mortifiée à l'excès, elle se serait contentée de la nourriture des anachorètes, et ne perdait pas une minute. Nommée dans la suite supérieure du Couvent de la Providence à Rodez, elle y a laissé le souvenir d'une austérité de vie qui ne l'empêchait pas d'être bonne et compatissante pour les maux de ses sœurs et des enfants. Déchargée du fardeau de la supériorité, deux ans avant sa mort, elle rendait à Dieu sa belle âme le 3 mai 1866, à l'âge de cinquante-deux ans.

La douce Mère Saint-Bernard était sœur de Mère Joséphine par la nature avant de l'être par la religion. Le Bon Dieu avait cueilli trois fleurs dans la famille Manhes, de Carlat, trois fleurs d'un caractère bien différent, mais dont les vertus ont embaumé d'un suave parfum la Congrégation qui a eu le bonheur de les compter parmi ses membres.

Si Mère Joséphine était l'âme intérieure et austère, dans l'acception rigoureuse du mot, Mère Saint-Bernard fut la religieuse de la vie cachée, du recueillement doux et joyeux. Tour à tour maîtresse à l'externat, maîtresse générale des classes, directrice du troisième an de probation, elle apporta dans ses rapports avec tous ceux qui l'approchèrent, cette charité patiente et calme qui fut le trait saillant de sa vertu. Mère Saint-Bernard s'éteignit à Aurillac le 25 avril 1891, à l'âge de soixante-quatorze ans.

La seconde, par l'âge, des demoiselles Manhes, la bonne Mère Saint-Michel, n'alla point à Lavorr, mais nous ne la séparerons pas de ses deux sœurs. Mère Saint-Michel, c'était la charité expansive, rayonnante, toujours prête à obliger. A peine eut-elle fait profession qu'on la destina à l'établissement de Rodez, où elle ne passa que très peu de temps. Rappelée à Aurillac, elle y remplit jusqu'à sa mort le difficile emploi de portière. C'est là surtout qu'elle devait déployer les excellentes qualités dont la Providence l'avait pourvue.

En 1870, les soldats qui séjournèrent à Aurillac venaient nombreux et venaient souvent au Saint-Enfant-Jésus, et toujours ils repartaient satisfaits. La charitable portière avait eu pour eux bouillon, bon vin, fortifiants, linge, vêtements chauds, tout ce qu'il fallait enfin à ces pauvres jeunes gens dont une année de si triste mémoire venait détruire la santé et briser les forces, quand elle ne leur enlevait pas la vie. Les parents des élèves, les malheureux n'avaient aussi qu'une voix pour proclamer la bonté de Mère Saint-Michel. C'est le 9 mai 1879 que le Bon Dieu rappela à lui la charitable Mère, pour couronner dans le ciel, nous en avons l'espérance, la vertu qu'Il a le plus exaltée sur la terre,

Dans son court passage au sein de la communauté, Sœur Alphonse a laissé le souvenir d'une angélique piété, d'un dévouement qui chercha surtout les déshérités de ce monde. L'impression terrible de la catastrophe qui anéantit l'établissement de Lavorr acheva de ruiner un tempérament trop délicat pour supporter les fatigues de l'apostolat.

Sœur Saint-Paul précéda de trois ans Sœur Alphonse au tombeau. Lavorr lui avait été funeste aussi. L'aimable sœur fut vivement regrettée par sa famille religieuse, car elle possédait à un rare degré l'art de rendre heureux autour d'elle. Partout où passait Sœur Saint-Paul, on était sûr de rencontrer un cordial entrain, une franche gaîté, une constante obligeance, qui lui donnaient le talent de se multiplier pour rendre service à ses sœurs.

Mère Ignace avait trente-deux ans quand ses supérieures la désignèrent pour collaborer à la fondation de Lavorr. Elle apporta dans sa nouvelle résidence les traits caractéristiques qui la désignèrent toujours : un zèle ardent pour le salut des âmes, une grande ardeur pour la vertu, un noble enthousiasme qui révélaient en même temps la bonne religieuse et l'artiste. Artiste, elle l'était, en effet, dans l'âme, si elle n'eut pas la possibilité de révéler complètement ses dispositions par ses œuvres.

Mère Louise lui avait fait donner des leçons de dessin et de peinture par un maître habile et, de l'avis même de son professeur, elle serait allée loin dans l'art auquel elle s'était vouée. Sa vie tout entière s'est écoulée entre ses leçons de dessin, d'ouvrage manuel et les catéchismes de première communion. Jusque dans un âge avancé, elle retrouvait les flammes de sa jeunesse pour faire naître dans l'âme des enfants les sentiments qui devaient les animer à l'approche du grand jour. Elle en obtenait parfois de vrais miracles de générosité. Mère Ignace mourut à

Aurillac le 13 août 1888, à l'âge de 78 ans, laissant une mémoire en bénédiction dans sa famille religieuse qui avait bénéficié de son inlassable dévouement.

Mais le temps a marché pendant que nous nous attardions avec le personnel de Lavorr. En octobre, les élèves sont rentrées nombreuses ; il y a, dès le premier jour, vingt-trois orphelines. La messe du Saint-Esprit fut célébrée le 3 novembre et, quelques jours plus tard, Mgr de Marguerye et Mère Louise se retrouvèrent à Lavorr. L'évêque de Saint-Flour ne dissimula pas à la Supérieure générale du Saint-Enfant-Jésus sa joie de voir cette affaire terminée. L'année s'écoula avec des alternatives de paix intérieure et d'orages qu'un rien suffisait à faire naître parfois, tant était grande l'impressionnabilité de l'inconstante vicomtesse. L'épreuve ne manqua pas à cette fondation, mais les religieuses s'y étaient attachées avec toute la force qu'elles avaient dû déployer pour triompher des obstacles multipliés.

Déjà l'on se préparait à fêter l'anniversaire de la fondation quand, dans la nuit du 10 août, le domestique de Lavorr, effaré, vint porter à Aurillac une terrible nouvelle : « Lavorr est brûlé, tout brûlé en deux heures. Personne n'a eu de mal. Le feu s'est arrêté faute d'aliment. »

Le premier mouvement de Mère Louise fut un acte de résignation et de reconnaissance, puisque sa chère famille avait du moins été épargnée. Le lendemain, dès l'aurore, elle partait pour Lavorr.

Cet incendie dont la cause reste un problème difficile à résoudre, avait éclaté à midi, sans qu'aucun indice ait fait soupçonner le danger. Vers onze heures et demie, les élèves de l'Ecole normale étaient suffoquées par la fumée. Un moment plus tard, l'air manquant, on avait ouvert la porte : le feu avait envahi l'appartement. Ce fut un sauve-qui-peut général ; il était temps : quelques minutes après, toute la maison était la proie des flammes. Avertie du danger, la population de Mauriac accourut en foule. Quel triste spectacle de voir cet édifice, l'orgueil de la contrée, dévoré par le terrible élément qui le consumait. Mère Saint-Régis, au péril de sa vie, s'était précipitée vers la chapelle et avait sauvé le Saint-Sacrement, qu'elle emporta au château. Les parents emmenèrent leurs enfants, remerciant la Providence de les avoir préservées de la mort.

Les orphelines et la Communauté furent reçues au château par la vicomtesse. C'est là que Mère Louise les retrouva. En vain Mme de Bassignac forma-t-elle le projet de reconstruire l'établissement de Lavorr... Mère Louise ne consentit à lui laisser que deux sœurs pour soigner les orphelines dans le petit bâtiment où elles s'étaient retirées. Le malheur qui avait affligé la Communauté éveilla une grande sympathie pour la maison soit à Aurillac, soit à Mauriac. Mais la famille de Mme de Bassignac ne put souffrir qu'elle se rejetât dans une entreprise qui avait déjà compromis sa fortune personnelle. Pour se disculper, et au mépris de toutes les conventions, la vicomtesse assura que la Communauté d'Aurillac était seule en jeu dans cette affaire, et Mère Saint-Régis se trouva chargée de tous les frais des nouvelles constructions. Dès lors se succédèrent les contestations et les démêlés pénibles soit avec la terrible vicomtesse, soit avec sa famille.

Après bien des luttes et des soucis, Mère Louise prit enfin le parti le plus sage, comme l'avenir le montra si bien. Mgr l'évêque ayant laissé à la Communauté toute liberté pour abandonner ou reprendre l'établissement de Lavorr, il fut définitivement conclu que les sœurs seraient rappelées dans le plus bref délai possible et que l'on continuerait à Aurillac l'œuvre des orphelines, dont Mme de Bassignac ne voulait plus s'occuper.

Ainsi se termina cette pénible affaire. Le zèle de la gloire de Dieu et le désir de correspondre au vœu de Mgr de Marguerye en avaient dicté l'entreprise. Le divin Maître sut récompenser la pureté d'intention qu'Il n'avait pas voulu couronner de succès à Lavorr, en accordant à sa petite Société les grâces les plus précieuses.

CHAPITRE VIII.

La Providence. — Mère de la Nativité.

Les orphelines étaient donc transférées à Aurillac. La Communauté ne possédait point alors la
belle et vaste maison dont elle dispose aujourd'hui.
Vingt enfants arrivant à l'improviste causaient, naturellement, un peu de gêne ; mais c'étaient les enfants
de la Providence, celles que Mère des Anges avait
appelées de tous ses désirs et sur lesquelles elle comptait pour être la bénédiction de son Institut. Sa petite-
nièce les accueillit avec tout son cœur et leur donna
une place dans la maison déjà au complet. Elles y
passèrent deux ans. Ces enfants, que la terreur avait
glacées d'épouvante au moment de l'incendie de Lavorr, se ressentirent toutes de cette secousse. Le grand
air de la campagne venant à leur manquer, précisément à l'heure où elles en avaient le plus grand besoin, elles restèrent longtemps languissantes et ne se
remirent qu'après bien du temps et beaucoup de
soins.

En 1852, Mère Louise acheta pour elles la terre
située entre Saint-Etienne et le Couvent, et qui relie
si bien les deux enclos ; désormais, les orphelines
avaient l'air et l'espace, mais leur abri était encore

bien modeste. Plus tard, par les soins de Mère Clémentine, supérieure générale de la Congrégation, la pauvre demeure du début devint une délicieuse maison, où les enfants n'eurent à craindre ni les ardeurs du soleil, ni les désagréments de l'humidité. La nouvelle propriété fut désignée sous le nom béni de Providence et reçut aussitôt les privilégiées de Mère Louise.

A l'époque où la petite communauté quittait le monastère pour fixer sa résidence à mi-coteau. une des religieuses s'offrit spontanément pour les accueillir : c'était Mère de la Nativité. Sa généreuse proposition ne fut pas acceptée sur-le-champ. Mère Sainte-Croix, qui avait reçu le soin des orphelines à leur arrivée de Lavorr, les introduisit encore dans leur nouvelle résidence et resta près d'elles plusieurs années. Mère de la Nativité lui fut ensuite donnée pour aide ; plus tard, elle demeura entièrement chargée de cette œuvre si intéressante, et lui consacra les dernières années de sa vie.

Mère de la Nativité est une figure à part dans les annales de la Congrégation du Saint-Enfant-Jésus. Elle était née le 8 décembre 1797 à Haute-Serre, commune d'Ytrac. M. Pradenhes, son père, après plusieurs voyages heureux en Espagne, s'était retiré auprès des siens et partageait avec sa digne compagne les soins et les sollicitudes que réclamait la jeune petite famille.

Dès les premières lueurs de la raison, Marie laissa deviner d'heureuses dispositions pour la piété ; toutefois, elles s'affaiblirent peu à peu au contact du monde et dans l'entraînement de ses joies. Une gaîté charmante, beaucoup d'esprit naturel, une grande cordialité dans les relations la faisaient chérir de tous et cette enfant, entourée de soins et d'amour, ne sentait point encore le besoin de Dieu qui devait la consumer plus tard.

Mlle Pradenhes put trouver quelque temps dans la vanité et le plaisir un élément de bonheur; mais le vide de ces faux biens se fit sentir à son âme désabusée. Dieu vint en aide à celle qu'Il s'était choisie. Une retraite prêchée à Laroquebrou par M. Usse, missionnaire diocésain, apporta la lumière dans l'âme de Marie; elle entendit l'appel du divin Maître et passa, presque sans transition, à dix-sept ans à peine, de la vie facile d'une jeune fille du monde, à l'oubli complet d'elle-même et aux œuvres de la plus ardente charité. Tout devenait pour elle un exercice de zèle; les amies de son âge subirent bientôt sa douce influence. En quelques mois, Marie fut, sans le savoir et sans le chercher, la directrice de toutes les pieuses entreprises de sa localité. On la voyait avec admiration au chevet des malades pour les soigner et préparer les âmes rebelles à la visite du prêtre. Chez les indigents, elle n'arrivait jamais les mains vides et savait se faire quêteuse pour leur donner un peu de bien-être; mais avant que la jeune sœur de charité quittât la chaumière, la famille reconnaissante témoignait sa gratitude à sa bienfaitrice en récitant avec elle un chapelet, ou en écoutant ses fervents entretiens.

A vingt-cinq ans, elle avait si bien étendu le cercle de ses charités que personne n'eût songé pour elle à une autre sorte d'apostolat. « Ah! disait le bon curé d'Ytrac, M. l'abbé Verniol, j'aimerais mieux perdre un de mes vicaires que Mlle Pradenhes. » Mais une voix, jusqu'alors inconnue, se faisait entendre dans le cœur de sa pieuse paroissienne et venait la troubler jusque dans ses plus héroïques sacrifices. Marie résista quelque temps, se jugeant indigne de la vocation religieuse. La lumière se fit enfin éclatante et l'heureuse élue brisa l'un après l'autre les liens qui la rattachaient au monde : elle avait vingt-sept ans.

C'est le 25 décembre 1824 que Mlle Pradenhes fit le premier pas dans la maison du Saint-Enfant-Jésus.

Quatre mois plus tard, elle était admise au Noviciat et le 31 juillet 1827 Sœur de la Nativité consommait son sacrifice en prononçant les vœux de religion.

Dans une âme si bien disposée à recevoir les impressions de la grâce, il n'y eut point de commencements. Au dire de ses anciennes compagnes, ses années de noviciat furent moins remplies par des essais que par la pratique de toutes les vertus. La prière était l'élément dans lequel elle semblait puiser sa vie, son courage et sa joie. Faire connaître, faire aimer Notre-Seigneur était son besoin, sa passion. A peine installée dans la classe gratuite, Sœur de la Nativité obtint de sa Supérieure la permission de recevoir chaque dimanche les mères de ses élèves; elle les catéchise, les instruit. Bientôt les papas veulent avoir leur entrée aux conférences de la bonne Sœur et à chaque séance les auditeurs sont plus nombreux. A des apostrophes chaleureuses, les coupables baissaient la tête et il est arrivé maintes fois que les victimes de la brutalité conjugale venaient remercier la sainte religieuse de ses sermons en lui contant, avec des larmes de reconnaissance, comment elles bénéficiaient de l'efficacité des résolutions prises au Couvent.

Dans l'année 1843, Mère de la Nativité fut nommée portière : elle savait deviner d'instinct ceux qui avaient besoin de ses secours. Que de chapelets, que d'images sont allés protéger, parfois à leur insu, ceux dont elle désirait la conversion. Elle s'approchait avec amour des plaies morales les plus hideuses, réalisant ainsi à la lettre cette parole de la vénérable Mère Bouchy :

« Une religieuse de l'Enfant-Jésus ne devrait pas craindre de se faire la porte de l'enfer pour empêcher les âmes d'y tomber. »

Le nombre croissant des religieuses et des élèves faisait pressentir depuis plusieurs années la nécessité de nouvelles constructions : c'est par une chapelle gothique que les travaux commencèrent en 1854. Pendant près de deux ans, quarante ouvriers travaillèrent sans trêve à cette chère entreprise qui donna à Mère de la Nativité une nouvelle occasion de déployer son zèle. Elle les réunissait tous les dimanches pour leur parler de leurs devoirs, et des témoins oculaires ont raconté combien il était touchant de la voir au milieu de ses braves gens qui ne se lassaient pas de l'entendre. On eût cru, à les voir arriver rue du Collège, empressés et joyeux, que l'heure de la paye était venue. Un jour, Mère de la Nativité, après avoir parlé avec son onction ordinaire de la dévotion à la Sainte Vierge, invita son auditoire à se faire recevoir du scapulaire. Les scapulaires avaient été préparés d'avance et M. Moissinac, aumônier de la maison depuis 1850, revêtit ces pieux chrétiens des livrées de la Reine du Ciel.

Mais le champ d'action dans lequel s'exerça le mieux l'activité de la bonne Mère fut sa jeune famille de l'orphelinat. Que n'a-t-elle point fait pour l'âme et pour le corps de ses enfants bien-aimées. Dans une circonstance où Sœur Françoise, sa compagne d'emploi, lui reprochait respectueusement de prendre trop de peine pour les orphelines, elle lui fit cette admirable réponse : « Nous remplaçons pour ces enfants les familles qu'elles ont perdues et nous sommes obligées en conscience aux mêmes sacrifices, puisque nous avons les mêmes obligations. Que ne font pas les mères dans le monde? comptent-elles leurs soins, leurs peines, leurs veilles? » Ces paroles semblent avoir été la mesure et la règle du dévouement de la fervente directrice des orphelines. Elle ne craignait pas de tendre la main pour sa petite famille et quand les provisions et les vêtements s'achevaient, elle demandait encore avec le même cœur et la même bonne grâce.

Les élèves de la maison, les novices avaient aussi leur part des sollicitudes de Mère de la Nativité. C'était une fête lorsque, dans les récréations passées à la Providence, la bonne Mère se rendait sur la terrasse, au milieu des pensionnaires qui faisaient vite cercle autour d'elle : « Madame de la Nativité m'a fait la morale, disaient-elles ensuite. — Elle a deviné mon défaut dominant. Elle m'a prédit ma vocation. — Que pensez-vous de moi, Madame de la Nativité? — Vous, vous êtes une orgueilleuse; vous, une paresseuse. — Et à d'autres : « Vous serez sœur de charité. — Vous entrerez dans tel monastère. — « Oh! la colombe sort de l'arche, dit-elle à une pensionnaire qui faisait ses adieux au Couvent, en cherchant à dissimuler sa vocation naissante, mais dans quelques jours elle y rentrera pour ne plus la quitter. »

D'ailleurs, Mère de la Nativité avait un moyen infaillible de seconder les désirs de son zèle : la prière et la mortification. Qui saura jamais les sacrifices offerts par elle dans le silence et le secret de son cœur?

Vers 1843, la bonne Mère fut atteinte de maux de tête très violents qui entraînèrent la perte d'un œil. Le médecin de la Maison venait voir de temps à autre sa malade et se plaignait qu'elle ne se ménageât en rien : « Madame de la Nativité, je vous en conjure, pensez un peu plus à votre corps. » — « Monsieur le Docteur, je vous en prie, pensez un peu plus à votre âme. » — « Mais Madame, vous vous tuerez en agissant ainsi. » — « Monsieur le Docteur, n'allez pas perdre votre âme, confessez-vous. » Et le Docteur et la patiente, également incorrigibles, se séparaient sans rancune. N'est-il pas vrai que ces intéressants détails laissent l'esprit songeur et provoquent tout naturellement une comparaison qui s'impose. Heureux temps que ces âges de foi et de simplicité, où le zèle de l'apôtre trouvait à se dépenser sans mesure et goûtait dans son sacrifice les plus douces consolations. Au contact de ces belles âmes, puissions-nous apprendre le véritable dévouement, l'esprit d'abnégation et l'amour de Dieu tout seul qui fécondent les travaux des âmes apostoliques, si grandes dans leur humilité.

Le 24 mai 1864, Mère de la Nativité succombait à la violence du mal. La Congrégation comptait au ciel une protectrice de plus.

CHAPITRE IX.

La Règle.

LES années de 1847 à 1851 avaient été troublées
par des ennuis de tous genres : incertitudes au
sujet de Lavorr, craintes inspirées par la situation politique; catastrophe qui ruina une maison sur laquelle
on commençait à fonder des espérances; maladies qui
n'épargnaient les enfants que pour sévir avec une
rigueur implacable contre les maîtresses. Telle fut
l'heure choisie par la Providence pour donner à la
Congrégation du Saint-Enfant-Jésus sa forme définitive, son organisation et ses lois.

Nous avons vu comment la vénérable Mère Bouchy
avait travaillé activement à la rédaction des Règles.
Les Révérends Pères Jésuites de Vals s'en étaient
aussi occupés et le Révérend Père Gautrelet avait été
chargé en 1843 de compléter ce travail et de le rédi-
ger; mais les choses traînaient en longueur. Mère
Louise alla passer un mois au Puy vers la fin de l'année 1847. Là, dans le silence de l'oraison et de la
prière, le saint Jésuite et la petite-nièce de Mère des
Anges mirent la dernière main à la composition des
Règles et des Constitutions de la Société.

L'année suivante, le 8 mars 1848, une lettre du
R. P. Gautrelet apprend à Mère Louise qu'il n'a pas en-

core envoyé son travail à l'imprimerie. « J'ai vu hier, Monseigneur, dit-il, il croit prudent d'attendre; on ne peut compter sur rien tout à l'heure. »

Quelques mois plus tard, septembre 1848, le Révérend Père annonçait que l'impression des Règles allait enfin avoir lieu. Les nombreuses lettres de cette époque disent assez avec quels soins minutieux, avec quel dévouement paternel le R. P. Gautrelet s'occupait de l'œuvre confiée à son zèle. Toutes témoignent de l'intérêt affectueux que le saint religieux portait à la Congrégation qu'il appelait « sa Congrégation préférée entre toutes, la maison de son cœur et de ses prédilections ». Ses lettres d'alors ont toujours pour objet quelque modification, addition ou retranchement apportés à certains points des Règles. Le pieux rédacteur ne veut rien changer, rien retoucher sans l'approbation de la Supérieure du Saint-Enfant-Jésus ; par ailleurs, il va, perfectionnant toujours son ouvrage : quand il trouve une correction à faire, il n'hésite pas à soumettre sa pensée à Mère Louise, tout en lui laissant la liberté d'agréer ou de rejeter l'idée nouvelle.

C'est dans ses propres richesses que le Révérend Père puise les trésors dont il se sert pour compléter l'œuvre des fondateurs de l'Instruction du Puy. Les Religieuses du Saint-Enfant-Jésus, comme les fils de saint Ignace désirent avant tout procurer « la plus grande gloire de Dieu ». Pour cela elles se font apôtres et consacrent leur vie à l'éducation de la jeunesse; mais avant d'enseigner aux autres la vertu et la science, elles doivent les posséder elles-mêmes à un haut degré. Initier les âmes à la vie parfaite, leur tracer ensuite la voie à suivre pour devenir de bonnes maîtresses, guider celles-ci dans les fonctions de leur état, voilà le travail auquel se livra le R. P. Gautrelet, au milieu d'une foule de graves et incessantes préoccupations qui lui venaient d'ailleurs.

Quand l'ouvrage fut terminé, le premier soin de Mère Louise fut de le soumettre à l'approbation de Monseigneur l'Evêque de Saint-Flour qui répondit par le décret suivant :

« Nous, Frédéric Gabriel François de Maguerye, évêque de Saint-Flour, avons lu attentivement les Règles destinées aux Religieuses du Saint-Enfant-Jésus. Elles m'ont paru pleines de sagesse et parfaitement adaptées au but de cette Congrégation ; en conséquence, nous les approuvons et voulons qu'elles soient fidèlement observées.

» Donné à Saint-Flour, sous le sceau de nos armes et le seing de notre Vicaire Général, le 21 novembre, jour de la Présentation de la Sainte Vierge 1847.

» F. G. F., évêque de Saint-Flour. »

Le zèle du R. P. Gautrelet ne s'arrêta point à ce premier résultat. Nous trouvons dans une lettre du 30 septembre 1850 l'expression de son désir d'obtenir l'approbation de Rome, afin de donner aux Règles des Sœurs du Saint-Enfant-Jésus le gage certain de l'inviolabilité.

La même lettre fait allusion à une guérison trop importante pour la passer sous silence. Le R. P. Gautrelet avait donné en septembre 1850 la retraite de la Communauté. L'une des religieuses, Mère Ignace, dont nous avons déjà parlé à l'occasion de la fondation de Lavort, souffrait d'une douloureuse gastrite qui l'avait conduite aux portes du tombeau. Le R. P. Gautrelet conseilla de faire une neuvaine pour la malade; il bénit à son intention l'eau de Saint Ignace dont on fit prendre quelques gouttes chaque jour à la chère sœur. Depuis six semaines celle-ci ne supportait qu'un peu d'eau avec du charbon. Le dernier jour de la neuvaine, on se risqua à la porter à l'église. Il fallait traverser la cour, et la malade était si faible qu'on dut recouvrir son visage d'un voile. Le saint sacrifice commença sans que Mère Ignace pût faire un mouvement.

C'était le premier dimanche d'octobre, fête de Notre-Dame du Rosaire. O surprise, quand le prêtre prononce le « Domine non sum dignus », Sœur Ignace se lève seule, va à la Sainte Table, reçoit la divine Eucharistie, revient à sa place, prolonge à genoux son action de grâce, et se rend ensuite au réfectoire, au milieu de ses compagnes dont l'étonnement et la reconnaissance sont indescriptibles. A partir de cette heure, elle suivit sans la moindre dispense tous les exercices de la Communauté.

Le R. P. Gautrelet mis au courant de cette guérison miraculeuse exigea le silence, et se borna à demander une plus grande ferveur pour remercier Dieu des grâces reçues; puis, revenant à la question si importante de la Règle, il écrit le 15 janvier 1851 :

« Voilà ce que je reçois de Rome :

« J'ai donné cours à la demande des Sœurs d'Aurillac, mais, d'après les plus récentes dispositions des Souverains Pontifes, de même qu'on ne publie jamais la canonisation d'un saint qu'elle n'ait été précédée de plusieurs décrets, par exemple touchant la réputation de sainteté, l'héroïcité des vertus, etc.; de même, on n'approuve les Règles d'une Congrégation religieuse qu'après lui avoir accordé auparavant un rescrit ou bref qui loue le but de l'Institut; puis un second rescrit qui loue l'Institut considéré en général; le troisième pas est l'approbation des Règles. Je tâcherai que le premier pas se fasse vite. Je crois qu'il serait utile de faire recommander l'affaire par le Nonce de Paris. Il convient, il me semble, de transmettre à Monseigneur de Saint-Flour la réponse que j'ai reçue de Rome. »

Et le 12 février 1851, le R. P. Gautrelet écrit encore :

« Quant à l'approbation, il me paraît infaillible que vous l'obtiendrez avec de la persévérance, et soutenues comme vous l'êtes par Monseigneur. Vous êtes trop bien appuyées et Monseigneur Bouange vous aidera aussi trop efficacement pour que vous n'arriviez pas au terme de vos désirs. »

L'espoir du R. P. Gautrelet se réalisa bientôt, en effet. Le 7 septembre 1852, Rome accordait un décret de louange. C'était le premier pas.

Le 20 décembre 1904, le Saint-Siège publiait le décret d'approbation de l'Institut. Ce fut un précieux encouragement pour la Congrégation du Saint-Enfant-Jésus, si éprouvée alors par la fermeture de quelques-unes de ses maisons.

Enfin, le 23 décembre 1925, l'approbation des Constitutions est obtenue en Cour de Rome.

Cette nouvelle a rempli de joie toutes les religieuses de la Congrégation du Saint-Enfant-Jésus et les a unies plus fortement encore dans l'amour de leur Règle et dans le dévouement le plus absolu à l'Institut auquel elles sont désormais doublement fières d'appartenir.

CHAPITRE X.

Construction de la Chapelle.

Aux vacances de 1852, de nouvelles élections devaient avoir lieu pour nommer la Supérieure
Générale de la Congrégation. Mère Louise pressentait
que la lourde charge qu'elle portait depuis neuf ans
ne lui serait point enlevée. Quels que fussent son dévouement et son esprit de sacrifice, son humilité les
dépassait encore et la pensée de l'avenir l'effrayait.

Le R. P. Gautrelet demandé pour la Retraite n'avait
pu accepter de la prêcher. Les élections furent ren-
voyées au mois de novembre, époque où le bon Père
croyait pouvoir se retrouver auprès de ses enfants.
Le Père Desjardin le remplaça pour la retraite et le
R. P. Gautrelet put écrire à Mère Louise : « L'esprit
de la maison, le genre, la manière, tout lui a plu. Ce
que je lui en avais dit, il l'a constaté par lui-même, et
je ne lui ai point paru exagéré. »

Si l'on rapproche ce témoignage de celui qu'avait
rendu à la maison d'Aurillac, dès 1847, M. l'abbé Aulanier, on mesurera l'importance de la tâche accomplie dans ces dernières années par la fervente Communauté du Saint-Enfant-Jésus. L'Aumônier des Oiseaux, revenant de Nîmes, passa deux jours à Aurillac et visita l'Etablissement dans ses moindres détails.

« Que parlez-vous de seconde famille, disait-il à Mère Xavier, nous n'en faisons qu'une; il ne faut point établir de distinctions; il n'y en a pas dans l'intérêt que je porte aux deux maisons, et dans l'affection sincère que j'ai vouée à l'une et à l'autre. »

Quelque temps après, une religieuse des Oiseaux écrivait à Mère Xavier :

« Savez-vous ce qu'a pensé de vous M. l'Abbé? Il m'a dit que c'était le premier Couvent où il avait cru se trouver ici. Comprenez-vous? Vrai, il a été enchanté de tout. »

Comme chacun s'y était attendu, les élections laissèrent à Mère Louise la charge qu'elle avait remplie avec tant de zèle et de succès. Le premier document qui reste de ce Chapitre général est encore une lettre du R. P. Gautrelet, en date du 30 novembre 1852. Une seconde du 8 décembre annonce un envoi pour la collection de minéralogie : Tout est numéroté, étiqueté.

Aussi les élèves arrivaient de plus en plus nombreuses au Couvent du Saint-Enfant-Jésus, et Mère Louise devait souvent méditer les sages paroles de son saint directeur : « C'est le talent d'une bonne Supérieure de faire faire ce qui peut s'exécuter utilement sans elle et de rester au gouvernail pendant que les autres sont à manœuvrer. »

L'espace manquait encore : des réparations urgentes s'imposaient. La résolution fut prise enfin de commencer ce grand travail.

Dans une lettre du 4 janvier 1853, le R. P. Gautrelet écrivait : « Je vous remercie de ce que vous m'apprenez de vos bâtisses. Je voudrais, dans mon impatience, voir les choses déjà faites. »

Elles devaient se faire bien lentement. Que d'hésitations avant de s'arrêter à un plan définitif. On voulait commencer par bâtir la demeure de Notre-Seigneur; il fallait une grande chapelle; mais, où l'élever? Les opinions étaient partagées. Le R. P. Ducis, envoyé par le R. P. Gautrelet pour visiter les lieux et donner son avis, avait dressé un plan qui plaçait la chapelle au milieu de l'enclos. Son avis fut très fortement combattu par le R. P. Gautrelet qui en signalait tous les inconvénients. Malgré d'excellentes raisons pour faire pencher la balance de son côté, la manière de voir du P. Gautrelet trouva des oppositions. Elle plaçait Notre-Seigneur au centre de la maison, dans une église moins lourde et plus facile à construire que celle du premier projet, église ayant une belle façade sur la rue. Or, c'est le bruit de la rue, retentissant si fort dans l'ancienne chapelle, qui inspira des craintes pour le recueillement de la nouvelle : le plan du P. Ducis prévalut. Ce sera plus tard la source de bien des regrets! Toujours est-il que les travaux s'organisèrent sous la direction de M. Lassus, le fameux architecte de l'époque. Des fouilles furent faites au fond de la prairie, et l'édifice qui devait être un jour une belle église gothique, commença à s'élever. Plusieurs années s'écoulèrent avant qu'on put en voir l'achèvement. Il y eut pendant ce temps pour Mère Louise bien des soucis de toutes sortes; mais, à part les quelques inconvénients constatés depuis, il n'y a qu'à se louer de cette importante amélioration. Voici en quels termes en parlait, avant même l'achèvement des travaux, le savant M. Henri Durif, dans son beau livre : *Guide historique, archéologique et pittoresque du voyageur dans le département du Cantal :*

« En descendant rue du Collège, on entrera à droite dans l'église nouvellement érigée par les Dames de l'Instruction du Saint-Enfant-Jésus. Ce monument appartient au type ogival primaire; il rappelle donc le treizième siècle, la plus pure époque de l'art chrétien.

» On n'a besoin que de citer M. Lassus, l'auteur des plans, pour faire comprendre combien il y a d'exactitude dans ces lignes, si gracieusement sévères. Rien n'a été sacrifié à la fantaisie; la restitution archéologique est parfaite et défie l'examen le plus minutieux. Plus tard, des peintures décoreront intérieurement les murailles et les fenêtres seront ornées de vitraux dont plusieurs feront revivre d'anciens écussons oubliés. Chaque dimanche, quelques cantiques bien chantés rempliront ce pieux sanctuaire d'harmonies et d'émotions. Bien que les rapports de l'homme à Dieu tiennent spécialement à la foi, cependant, le lieu dans lequel on prie peut développer les élans du cœur en surexcitant le sentiment du beau. C'est là le rôle de l'architecture, de la peinture et de la musique réunies. Louons ces dames d'avoir compris tout cela et de n'avoir reculé devant aucune dépense pour réussir. Leur église est une construction bien entendue qui mérite les applaudissements des artistes et les sympathies de la ville. »

Ce fut, en effet, une période laborieuse pour tous les membres de la Congrégation. Mères et Sœurs, novices et anciennes religieuses ne comptèrent ni avec la peine, ni avec les fatigues pour prêter le concours de leurs forces et de leur bonne volonté en ce qui pouvait contribuer à avancer l'ouvrage.

Pendant qu'elles se dépensaient ainsi, la Providence préparait à l'Institut un nouvel et précieux accroissement. Désormais ses Etablissements vont se multiplier dans plusieurs diocèses et la Maison de Rodez sera la fille aînée parmi les diverses fondations que l'on va entreprendre.

CHAPITRE XI.

Les Fondations : Rodez.

LA Congrégation des Religieuses du Saint-Enfant-Jésus d'Aurillac a été conduite à Rodez par Mlle de Séguret, fondatrice du Couvent de la Providence, dont la Vie, due à la plume de Mère Marie-Théodore, son ancienne élève, a été couronnée par l'Académie française en 1906. Nous lui empruntons les intéressants détails qui vont suivre.

« La Révérende Mère Marie de Jésus, dans le monde Henriette de Séguret, appartenait par son père à une famille des plus chrétiennes et des plus distinguées de Rodez. Le nom de Monseignat porté par sa mère évoque aussi dans le pays des traditions deux fois séculaires d'honneur et de vertu.

» Henriette de Séguret naquit à Rodez le 28 octobre 1829, dans la maison de Monseignat où sa mère se trouvait accidentellement, tandis que M. de Séguret exerçait à Montpellier les fonctions de procureur du Roi. L'Eglise célébrait en ce jour la fête de saint Simon et de saint Jude, coïncidence remarquable dans laquelle il est permis de voir le présage d'une vie toute consacrée à l'apostolat.

» Dès qu'elle eut atteint l'âge de raison, ses parents

la firent entrer à titre d'externe au Couvent de Notre-Dame; elle devait en suivre les classes jusqu'à son départ pour les Oiseaux en 1841. Ces quelques années qui précèdent l'adolescence ressemblent à la saison printanière où, sous une riche floraison, les arbres de nos vergers laissent deviner leurs fruits. La jeune Henriette y fait entrevoir en germe les qualités d'âme, d'esprit et de cœur qui devaient prendre chez elle dans la suite un si magnifique développement. A dix ans et demi, chose rare pour l'époque, son confesseur, M. l'abbé Grimal, et ses pieuses maîtresses la trouvèrent assez instruite et assez sage pour la première rencontre avec Jésus dans le sacrement de son amour. Elle subit si brillamment l'examen préparatoire que M. Belmont, curé de la cathédrale, ne put s'empêcher de lui adresser des éloges publics. Un mois d'internat, mois de recueillement plus complet précéda le grand jour dont l'aurore se leva enfin : c'était le dimanche 5 juillet 1840, fête du Sacré-Cœur de Jésus. La communion lui fut donnée à la cathédrale par Mgr Giraud qui, le lendemain, dans la même enceinte, lui administra le sacrement de confirmation.

» L'heureuse mère d'Henriette était là, le cœur plein d'émotion et de prières. Nous avons retrouvé un écho des vœux chrétiens qu'à cette heure solennelle elle faisait monter au ciel : « O mon Dieu, écrit-elle, faites que ma fille soit toujours bonne, douce, compatissante envers les malheureux; qu'elle se méfie du monde, qu'elle conserve sa franchise, son innocence, sa pureté. Et alors, quelle que soit sa destinée, je l'estimerai heureuse, puisque toujours elle vous servira et que dans toutes les positions elle peut vous aimer et se sauver. »

En marge, bien des années après, la main maternelle ajoutait cette touchante note : « Mes vœux ont été exaucés au delà de mes espérances. »

« Les qualités physiques et morales de la jeune Henriette se développèrent dans une si large mesure qu'on la distinguait entre ses petites compagnes; autour d'elle on murmurait déjà avec une admiration discrète qu'elle serait une personne remarquable sous tous les rapports. L'heure était venue de confier le développement de ces heureuses qualités à des mains habiles et expérimentées, dans le milieu favorable d'un pensionnat chrétien. D'après le conseil de M. l'abbé Affre, récemment devenu archevêque de Paris, Mme de Séguret fixa son choix sur le Couvent des Oiseaux.

» Le 27 avril 1841, Henriette y entrait définitivement comme pensionnaire. Elle allait passer quatre ans dans ce milieu providentiellement préparé, longues années de douze mois qui ne devaient être abrégées par aucun retour au pays natal, et pendant lesquelles rien ne devait la distraire du travail de formation auquel tout coopérait si largement en elle et autour d'elle. Deux de ses maîtresses surtout lui témoignèrent une affection profonde qui ne contribua pas peu à acclimater la jeune fille dans ce milieu d'élite.

» C'était, d'abord, Mère Madeleine, sa mère de confiance, selon une expression reçue au Pensionnat, religieuse au dévouement en quelque sorte légendaire. Ensuite, Mère Saint-Jérôme dont nous avons dit ailleurs la haute intelligence et le grand cœur.

» La jeune Henriette bénéficia aussi de la vigoureuse impulsion donnée aux études par M. l'abbé Aulanier qui exerçait depuis trois ans les fonctions d'aumônier des « Oiseaux ». C'était un artiste et un érudit. Les cours des beaux-arts, sous son habile direction, prirent dès lors pour les grandes élèves un charme tout nouveau.

» Par les soins de la Révérende Mère Sophie fut construite à cette époque l'église du Monastère. Le 16 mai 1841, Henriette de Séguret assistait à la consécration solennelle, par Mgr Affre, de cette élégante et pieuse chapelle. C'était le premier sanctuaire dédié au Sacré-Cœur dans l'archidiocèse de Paris; Jésus dut, ce jour-là, laisser tomber un regard spécial de complaisance et d'ineffable tendresse sur la petite pensionnaire qui, vingt-cinq ans plus tard, devait faire bâtir sur le sol du religieux Rouergue le premier sanctuaire en l'honneur de son Cœur divin.

» Le 12 avril 1845, Henriette reprenait le chemin de Rodez, heureuse de retrouver l'ombre chérie du petit clocher de Saint-Amans dont le gai carillon avait annoncé son baptême, et celle de la haute tour de la Cathédrale, dont le bourdon sonore devait, cinquante-huit ans plus tard, chanter sa naissance au ciel.

» Lorsque Henriette de Séguret sortit de pension, elle n'avait pas encore atteint sa seizième année; jeune fille par le développement remarquable de ses quali-tés physiques, le sérieux de son esprit, la maturité de son jugement, elle restait enfant par une grande simplicité de goûts et de manières, la ravissante ingénuité qu'elle n'a jamais, du reste, complètement perdue, et une entière liberté d'esprit au sujet de son avenir dont elle ne se préoccupait pas encore. Mais, deux mois à peine après son retour, Dieu lui accorda la grâce inestimable de la vocation religieuse. Dès lors tout est changé; sa vie devient une pénible lutte contre l'amour trop naturel de son père et de sa mère qui refusent de la céder à Dieu, souvent aussi contre les contradictions et les faiblesses de son propre cœur.

» Dieu se sert de tout pour attirer les âmes. L'incident le plus futile en apparence peut devenir la cause occasionnelle des plus vives lumières et des plus graves résolutions. Henriette de Séguret accompagnait un jour sa mère chez une dame de la haute société de Rodez. Une nouvelle visiteuse survient bientôt qui est accueillie par la maîtresse du logis avec force paroles flatteuses et démonstrations d'amitié. Mais à peine

a-t-elle quitté le salon qu'elle devient l'objet de la critique la plus mordante; elle est déchirée par les mêmes lèvres qui venaient de lui prodiguer leur encens.
Henriette, très choquée de ce procédé nouveau pour
elle, se tut cependant par politesse; mais, le soir venu,
elle ne put s'empêcher de manifester à sa mère son
étonnement. « Cela se passe souvent ainsi dans le
» monde », répondit Mme de Séguret, souriant malgré
elle de la juvénile indignation de sa fille. « Ah! c'est
» ça votre monde, reprit celle-ci avec véhémence; je
» n'en veux pas. » Blessée dans son âme loyale avant
même d'en avoir éprouvé personnellement la malice,
elle se détournait de ce monde dont la fausseté venait
de lui apparaître, tandis qu'à la même lumière elle
entrevoyait pour la première fois la vie religieuse avec
ses grandeurs et sa divine beauté.

» Les bonnes Mères des Oiseaux furent ses premières et naturelles confidentes. Un voyage que M. de
Séguret dut faire à Paris lors de la mort du général
Béteille en février 1846, procura à sa fille le bonheur
de les revoir plus tôt qu'elle ne l'espérait. Elle avait
hâte de leur livrer le secret de cet appel de Dieu qu'elle
conservait précieusement depuis huit mois dans sa
jeune âme, et qui allait, dans un avenir plus ou moins
long, — elle le croyait alors — la fixer pour toujours
aux « Oiseaux », sous l'égide du Sacré-Cœur et le
manteau de la Vierge fidèle. Dans sa ferveur, Henriette voulait se refuser toutes les distractions que lui
offrait son père. « Non, dit la Révérende Mère Sophie;
» quand on se destine à des œuvres d'éducation, il
» ne faut négliger aucune occasion de s'instruire. »

» La formation intellectuelle d'Henriette de Séguret
devait se continuer dans une très large mesure sous
le toit dont elle allait pendant quelques années rapides faire le bonheur. Pendant son séjour aux Oiseaux,
elle avait appris à apprendre. En histoire, en littérature, en sciences naturelles le terrain était déblayé,

d'excellents principes posés, des cadres préparés. Le plus grand nombre des jeunes filles se contentent malheureusement de cette instruction insuffisante, soit que d'autres attraits ou d'autres devoirs les détournent de la culture intellectuelle, soit que leur paresse ou leur inconstance les empêche de fournir la somme de travail personnel qu'elle réclame pour produire ses fruits. Henriette triompha de ces difficultés grâce à son indomptable volonté; et quand elle eut orienté sa vie vers une maison religieuse vouée à l'enseignement, son ardeur pour l'étude reçut une nouvelle impulsion. Elle trouvait les heures trop courtes pour satisfaire d'un côté à ses devoirs envers sa famille, de l'autre à son goût, pour la prière et le travail. Elle avait donc ordonné ses journées de façon à ne perdre aucune minute du temps libre que lui laissaient ses parents. Elle lisait beaucoup, en prenant de nombreuses notes qui finirent par former des cahiers assez volumineux. Les auteurs anciens, modernes, religieux et profanes s'y mêlent parfois sans ordre préconçu, attestant de la variété et aussi de la solidité des lectures qui ont fourni cette riche gerbe.

» M. de Séguret avait transmis à son fils l'ardent royalisme qui, en 1830, l'avait poussé à sacrifier un brillant avenir pour rester fidèle à la foi jurée. Quand M. Adrien de Séguret, le père d'Henriette eut atteint l'âge d'homme, il voulut, pour renouer de très anciennes traditions de famille, entrer dans la magistrature; mais il désirait auparavant avoir l'assentiment du Prince, et il entreprit à cet effet le voyage de Frosdhorff. Interrogé avec bienveillance sur son pays et sur sa famille, il en prit occasion pour mettre aux pieds du comte de Chambord, avec ses propres hommages, ceux de sa fille Henriette, parlant de son amour enthousiaste pour Henri V et de son espoir de le voir un jour sur le trône de France. Monseigneur coupe alors une mèche de ses cheveux, la met dans un médaillon et,

au-dessous trace ces mots : « Henry de France à Hen-
» riette de Séguret. » Puis il donne à l'heureux visiteur cet auguste souvenir et le prie de le remettre à
sa fille. Henriette tenait beaucoup à ce médaillon; elle
le conserva longtemps, même après avoir quitté le
monde. En un jour de ferveur, il devint cependant la
matière d'un généreux sacrifice.

» Henriette était d'une piété charmante, disait un
jour sa mère en rappelant ces années qui précédè-
rent son entrée au couvent; c'était l'entrain personni-
fié; elle était toujours prête à égayer les personnes de
son entourage et à leur rendre service. Plus tard, devenue Mère Marie de Jésus elle nous dira elle-même
dans des conseils à une de ses anciennes élèves pourquoi elle n'avait pas cette dévotion rigide, toujours
fausse par quelque côté.

» Vous vous faites bien à tort un scrupule de quitter certaines prières facultatives lorsqu'on vous désire
au piano pour faire de la musique d'ensemble. C'est
votre devoir strict d'acquiescer à ce désir avec empressement. Lorsque j'étais encore dans le monde (bien
malgré moi) dès qu'une personne de ma famille me
désirait au piano, je me faisais un cas de conscience
de quitter tout immédiatement pour me mettre à sa
disposition, et je regardais cet empressement comme
un acte de renoncement très agréable à Dieu. Je te-
nais beaucoup à faire aimer le Sacré-Cœur de tous
ceux qui m'entouraient. Une régularité claustrale dans
le monde eût fait critiquer ma dévotion, et la dévotion
en général; cela eût éloigné de la religion les âmes que
je voulais y attacher de plus en plus. »

» Henriette de Séguret avait à Rodez des relations
d'amitié avec un petit groupe choisi de jeunes filles.
Une page providentiellement écrite par Mère Marie de
Jésus quelques années avant sa mort, nous donne
un charmant aperçu de ces relations simples et douces.

» Parmi les grâces nombreuses que Dieu m'a accordées, une des plus précieuses à mes yeux est celle de l'amitié qui m'a unie depuis ma première enfance à Irène de Saunhac et à sa sœur Camille.

» Séparées pendant les longs mois de notre éducation, nous nous retrouvâmes à Rodez en 1845. Au nombre de nos premières jouissances de cette époque, je dois placer le bonheur que nous eûmes d'avoir un costume absolument pareil qui nous faisait prendre pour trois sœurs. Toutefois à cette satisfaction se mêla un petit nuage qui fut pour moi une leçon; ma robe, faite à Paris, ne convint pas absolument à Mme de Saunhac qui n'en adopta pas la forme pour ses filles. Je ne mis pas une seule fois la mienne sans me dire que, sous aucun prétexte, les règles de la plus sévère modestie ne devraient être sacrifiées aux exigences de la mode. Que de fois encore j'eus à admirer la « sainte mère » de mes amies, comme elles l'appelaient! Quelle bonté, quelle prudence dans la conduite de sa maison! Une chose surtout m'a frappée lorsque j'ai pu réfléchir et comparer la manière dont on nous conduisait avec le laisser-aller qu'on accorde aujourd'hui aux jeunes personnes : nos frères étaient aussi liés entre eux que nous l'étions nous-mêmes et cependant nous ne les rencontrions jamais. Ces messieurs avaient leurs affaires, nous avions les nôtres; nous ne nous occupions pas plus d'eux que s'ils n'existaient pas; je pense qu'ils faisaient de même. Du reste, en toutes choses, notre vie était bien différente de ce que nous voyons maintenant. Au lieu des brillantes réunions accompagnées de danses, de musique et de merveilleux goûters, nous avions nos charmantes après-dîner du vendredi. Là, nous causions beaucoup, nous travaillions presque autant, nous disions ensemble notre chapelet et la fête ne laissait rien à désirer si nous avions fait cuire quelques pommes ou si nous pouvions nous partager une pompe à l'huile ou un beau pâté de prunes. Quelles sont les jeunes filles qui se contenteraient aujourd'hui à si bon compte. Cependant je puis leur dire en toute vérité, que nos réunions ne nous donnaient que de la joie et que nous les attendions chaque semaine avec impatience. D'autres aussi les attendaient : le samedi matin, six petits pauvres venaient chercher le travail fait la vieille et leur joie centuplait la nôtre. Je dis six, parce que successivement de nouvelles amies s'étaient ajoutées aux premières et nous apportaient leur aimable concours. Cette vieille amitié est toujours la même, bien que Dieu nous ait placées dans des voies toutes différentes : Valérie de Patris et Camille de Saunhac ont embrassé la vie commune; Sophie Baurez et Irène de Saunhac se sont dévouées aux bonnes œuvres; Rosalie Vergnes et moi avons reçu l'immense faveur de la profession religieuse. »

« L'épreuve avait duré longtemps pour Henriette : M. de Séguret, après avoir tenté de décider sa fille à consentir à un établissement dans le monde avait dû renoncer à ses projets, mais ne voulait pas consentir encore à son départ pour les Oiseaux, tandis que de son côté, M. Belmont, directeur de la jeune fille faisait attendre le mot qui eût résolu pour elle le difficile problème devenu de plus en plus le tourment de sa vie. M. de Séguret a exigé qu'elle rompe toute relation avec les religieuses des Oiseaux, sans même écrire une dernière fois à Mère Madeleine pour lui donner la raison de ce silence qui pouvait si facilement être pris pour de l'ingratitude ou de l'oubli. Henriette poussa l'héroïsme jusqu'à brûler des lettres auxquelles elle tenait plus qu'à sa fortune; mais le sacrifice fut au-dessus de ses forces; elle en fit une maladie de plusieurs jours.

» Plus que ses parents et avant eux, Dieu semblait demander beaucoup à Mlle de Séguret. Il lui avait mis au cœur une tendre compassion pour les pauvres enfants délaissées que l'insouciance ou le malheur exposent à un danger évident de se perdre. De toutes les bonnes œuvres auxquelles on l'engageait à prendre part, aucune n'excitait autant ses sympathies que l'éducation des petites filles abandonnées; la meilleure charité lui semblait celle qui, en s'occupant des âmes bien plus que des corps, met à l'abri de la misère et des fautes, ses compagnes presque inévitables.

» Appelée en 1851 à la charge de Présidente de la Congrégation des Enfants de Marie de la paroisse de la Cathédrale, Mlle de Séguret s'appliqua avec un soin particulier à attirer à elle les ouvrières et les personnes de la classe inférieure pour lesquelles un bon conseil est quelquefois si utile. Elle se sentait toute portée à excuser leurs fautes et elle répétait souvent que loin de blâmer leur conduite un peu légère, on devait s'étonner qu'elles n'allassent pas plus loin, exposées comme elles l'étaient à d'attrayantes séductions, contre lesquelles ni leur éducation ni les exemples qu'elles recevaient tous les jours ne pouvaient les prémunir. C'est alors que Mlle de Séguret conçut le projet d'entreprendre quelque chose qui remédiât un peu au mal qu'elle déplorait. Depuis plusieurs années déjà cette pensée la préoccupait; mais maintenant elle devenait si importune que la jeune fille se décida à s'ouvrir à son confesseur. Toutefois le projet lui paraissait si chimérique, si présomptueux, qu'elle n'osa lui en parler ouvertement. Elle écrivit son plan et le lui fit remettre, plutôt pour se débarrasser d'une idée qui l'obsédait que pour tenter une réussite quelconque.

» M. l'abbé Belmont, alors curé de la Cathédrale, prit la chose au sérieux; il ne la trouva ni absurde ni irréalisable, et Henriette en fut toute déconcertée : elle songeait toujours à entrer aux Oiseaux, et elle aurait bien voulu être assurée que toute pensée contraire n'était pas la voie de Dieu, mais une pure illusion. Aussi, pendant deux années encore après cette ouverture évita-t-elle de revenir jamais sur ce sujet. Elle essaya même d'étouffer les sentiments de pitié et de tendre compassion qui s'élevaient dans son âme à la vue d'une enfant malheureuse sollicitant l'aumône.

» Une circonstance inattendue vint renouveler toutes ses anxiétés. Une Supérieure de Communauté lui écrivit pour lui demander de la seconder dans le projet qu'elle avait de fonder à Toulouse une maison de préservation pour les jeunes filles abandonnées. L'esprit de piété et de zèle qui régnait dans cette lettre fit une forte impression sur l'âme de Mlle de Séguret; elle se sentait disposée enfin à consacrer sa vie à une œuvre si intéressante et à renoncer pour cela à la Maison qu'elle chérissait par dessus tout. Elle parla de ses dispositions nouvelles à son directeur, en le priant de décider ce qu'elle avait à faire afin de mettre un terme à l'incertitude et à l'irrésolution dans lesquelles elle vivait depuis si longtemps. M. Belmont lui répondit que cette œuvre était bien belle, en effet; mais que, si elle se décidait à être généreuse envers son Dieu et à lui sacrifier les inclinations de son cœur, il valait bien mieux faire cette fondation à Rodez; elle y était aussi nécessaire qu'ailleurs.

» Ces paroles jetèrent de nouveau la jeune fille dans de terribles angoisses : elle voulait obéir, elle craignait, en résistant, de perdre sa vocation et d'être abandonnée de Dieu; par ailleurs, elle était effrayée de la responsabilité qu'elle allait assumer sur sa tête. A Toulouse, elle n'aurait eu qu'à seconder une personne dont la vertu et l'expérience lui étaient connues; à Rodez, il fallait tout entreprendre, tout créer; devenir le même jour religieuse, supérieure, fondatrice, et tout cela à vingt-trois ans... Dans un moment si pénible, Henriette alla chercher force et secours auprès de Notre-Seigneur. Elle se jeta à ses pieds, lui exposa son impuissance en répétant mille fois : « Seigneur, faites » de moi ce que vous voudrez, éclairez ceux qui me

» conduisent, et, quoi qu'il m'en coûte, je suivrai leur » voix comme la vôtre. » Après cette prière, elle se releva forte, résignée; à dater de ce jour, elle attendit avec calme que le moment marqué par la Providence fût arrivé. La volonté divine ne tarda pas à se manifester.

» Un jour, Henriette causant avec son père, lui dit qu'on l'avait chargée de faire remplir une liste de souscription en faveur d'un orphelinat établi à Cahors et qu'elle l'avait inscrit le premier. M. de Séguret répondit immédiatement à sa fille qu'au lieu de s'occuper des orphelines de Cahors, elle devrait songer à celles de Rodez et qu'il la seconderait alors de tout son pouvoir. Pressée sans doute par une inspiration surnaturelle, Henriette accepta sur-le-champ la proposition; car, enfin, servir Dieu à Paris ou à Rodez, c'était tout un.

» Cette importante détermination fut prise au printemps de 1853. De concert avec M. le Curé et avec ses respectables parents, Mlle de Séguret se mit immédiatement à l'œuvre pour en hâter la réalisation. Il fallait obtenir le consentement de Mgr l'Evêque de Rodez, choisir une maison où la jeune fille pût faire son noviciat et se former à la vie religieuse, s'assurer quelques collaboratrices, chercher un logement modeste mais suffisant pour devenir le berceau de l'œuvre. Ce fut l'occupation de ces derniers mois de vie dans le monde, pendant lesquels Mlle de Séguret ne cessa d'opposer une admirable confiance en Dieu aux objections et aux difficultés de détail que soulevait journellement sa grande entreprise.

» Ce fut le 21 novembre 1853, sous les auspices de Marie présentée au Temple que Mlle de Séguret quitta Rodez et arriva chez les Dames de la Présentation de Castres où elle avait obtenu de Mgr Croizier de faire son noviciat. Les règles ordinaires de l'Eglise demandent au minimum un an de noviciat avant l'acte si grave de la profession religieuse. On avait cependant exceptionnellement obtenu pour Mlle de Séguret qu'elle prendrait l'habit et prononcerait ses vœux après un séjour de six mois dans la Communauté de la Présentation, où l'on a gardé le souvenir de sa vie exemplaire au noviciat. C'était un modèle de toutes les vertus religieuses. Elle était surtout remarquable par son humilité, son obéissance et son grand amour de la pauvreté. On disait d'elle : « C'est une autre Mme Louise » de France ».

» Voici les quelques mots écrits par M. de Séguret dans le Livre de famille en souvenir de cette mémorable journée :

« Le 30 mai 1854, ma fille bien-aimée, Marie-Hen- » riette, a pris le voile dans le Couvent de la Présen- » tation à Castres. M. Belmont, archiprêtre de la Ca- » thédrale de Rodez, a présidé la cérémonie et reçu » les vœux de ma fille ; le Père Durand, Jésuite, a » prononcé le discours d'usage. Depuis plusieurs an- » nées, ma chère Henriette avait manifesté l'inten- » tion d'embrasser l'état religieux. Toutes mes ins- » tances pour l'en détourner et pour la conserver » près de moi ont échoué devant une vocation bien » prononcée et une volonté énergique de se consacrer » à Dieu. Après avoir longtemps désiré d'entrer au » Couvent des Oiseaux, à Paris, où elle avait fait son » éducation, ma fille, émue des regrets si douloureux » que son départ aurait laissés dans sa famille, s'est » enfin décidée à ne point quitter sa ville natale et à » y fonder une maison d'éducation gratuite pour les » jeunes filles pauvres. »

» Tout plein encore des émotions éprouvées à Castres six semaines auparavant, M. de Séguret écrivait le 15 juillet 1854 cette élégie touchante :

> Fille chérie, aujourd'hui c'est ta fête,
> La Saint-Henri, jour heureux, solennel ;
> A te chanter quand tout ici s'apprête,
> Tu manques seule au banquet paternel.

Du petit bois elle a quitté l'ombrage,
Ces nobles fleurs qu'elle aimait tant jadis;
Pour souvenir d'un rapide passage,
Elle a laissé la tige de nos lis.

Riche comme eux des dons de la nature,
Elle charmait et nos yeux et nos cœurs;
Aux doux accents d'une voix fraîche et pure
Elle savait endormir nos douleurs.

Dieu l'a voulu... les larmes de sa mère
N'ont pu la rendre au foyer protecteur;
Elle a quitté jusques à son vieux père,
Pour se vouer au culte du malheur.

J'ai vu tomber sa longue chevelure,
Riche ornement d'un front limpide et doux;
Le voile noir remplace sa parure,
La croix d'argent, les fleurs et les bijoux.

Dans ses regards, quand la joie étincelle,
Lorsque son œil brille d'un divin feu,
Son père, atteint d'une douleur mortelle,
Baigne de pleurs les dalles du saint lieu.

Aux orphelins, va consacrer ta vie;
Dieu bénira ton humble dévoûment ;
Tu leur rendras une mère chérie,
Mais qui viendra nous rendre notre enfant?

Pourquoi faut-il, ô ma pauvre Henriette,
Toi, le bonheur, l'espoir de mes vieux jours,
Que je te laisse à ta sainte retraite,
Quand de mes ans je sens finir le cours.

Ah! promets-moi qu'à mon heure dernière,
Ta voix chérie implorera les cieux;
Un Dieu clément entendra ta prière,
Ta douce main me fermera les yeux.

» En 1857, une saison à Bagnères de Luchon lui
inspirait d'autres vers dont la tristesse a quelque
chose de moins passionné et de moins poignant; c'est
l'expression d'un regret toujours vivant au fond du
cœur, mais auquel trois ans écoulés et la vue journa-
lière du bonheur d'une fille chérie ont donné une
teinte plus douce :

J'ai voulu les revoir ces rives de Bagnères
Qu'un heureux souvenir semblait me rendre chères;
J'espérais soulager de cruelles douleurs,
Et d'un destin funeste oublier les rigueurs.

De tristesse et d'ennui, quand mon âme est atteinte,
Pourrai-je de tes pas y retrouver l'empreinte,
Ma fille? Elle n'est plus l'espoir de mes vieux ans!
Seul, je revois ces lieux où mes pas chancelants

Trouvaient un doux appui sur ce bras si fidèle,
Et ces riants vallons ne me parlent que d'elle.
Trois ans sont écoulés! J'étais heureux alors!
De la Pique avec elle, en parcourant les bords,

Nous jetions un regard sur ces belles campagnes.
Ces arbres, ces rochers, ces glaciers, ces montagnes;
Et chacun rappelait à nos cœurs attendris
Les rochers, les forêts, les monts de nos pays.

Souvenirs enchanteurs de la patrie absente
Vous saviez du retour nous adoucir l'attente.
Au bonheur, à ma fille il fallut dire adieu;
Son cœur était à nous, mais plus encore à Dieu;

Et de ma muse en deuil la voix triste et plaintive
Laissa couler ces vers sur la lointaine rive
Où cet ange adoré nous quittait pour jamais
Condamnant notre amour à d'immortels regrets.

» Le 31 mai 1854, Sœur Marie de Jésus repartait pour Rodez; le premier jour du mois du Sacré-Cœur elle s'installait, avec deux de ses compagnes, Mlle Poussonnel et Rose Mouly dans la petite et bien mo-deste maison qui devait être le berceau de la fonda-tion.

» Après un mois passé dans la retraite et les pré-paratifs nécessaires, on reçut, le 1er juillet 1854, dix jeunes enfants, entre huit et dix ans. La Communauté s'engageait à les garder gratuitement jusqu'à leur ma-jorité.

» Les rares survivantes de ces modestes débuts re-disent avec admiration l'humilité, la mortification, le dévouement de la jeune fondatrice. Elle prenait pour elle les besognes les plus pénibles et les plus répu-gnantes.

» Le dédommagement et le réconfort divin étaient là, tout près, dans le tabernacle de la petite chapelle qu'elle avait obtenu d'ériger en son modeste logement. Un tableau du Sacré-Cœur peint par Mme de Ségu-ret surmontait cet autel primitif près duquel elle ai-mait à passer tout le temps que n'absorbaient pas ses nombreuses occupations; et, quand elle le quittait, elle y laissait son cœur, emportant de ces longues heu-res de prière un recueillement qui excitait sur son passage l'admiration et l'édification; un saint prê-tre, alors jeune séminariste, parlait encore naguère avec émotion de l'impression que lui causait la vue de cette jeune religieuse si digne et si modeste con-duisant aux catéchismes ou aux offices paroissiaux ses petites orphelines.

» Elles lui arrivaient de toutes parts ces déshéritées de la fortune, et Mère Marie de Jésus dont l'excessive bonté ne savait pas refuser une enfant pauvre sentit le besoin d'un local plus vaste que la petite demeure de la rue de Belle-Isle. Après avoir cherché longtemps, M. de Séguret jeta les yeux sur la maison Bonnave, située dans la rue Béteille. Cette rue était loin d'être bâtie comme elle l'est aujourd'hui, en sorte que la belle maison bourgeoise entre cour et jardin qui avait fixé son choix se trouvait presque à la campagne. Le prix avantageux auquel elle était offerte, — 40.000 francs, — ne laissait pas que d'être très onéreux pour la jeune supérieure. Elle le comprenait; et bien que pressée par les nombreux amis qui s'intéressaient à son œuvre, elle hésitait à donner son consentement. Une de ses cousines, Mlle de Lavernhe, vint un jour lui porter une offrande pour cette acquisition. Mère Marie de Jésus crut voir là un signe de la volonté de Dieu : la maison fut achetée, et le changement de domicile s'effectua le 15 octobre, fête de sainte Thérèse. L'espace et l'air ne manqueront plus désormais, et quand la famille se sera multipliée encore, la Providence ménagera de nouveaux agrandissements.

» Un des premiers soins de Mère Marie de Jésus fut d'établir une petite chapelle dans la plus belle pièce de la maison. C'est là qu'eut lieu le 12 décembre 1854, la première prise d'habit. Les heureuses élues de ce jour furent : MMlles Rose Mouly (Sœur de Loyola), Euphrasie Trémolet (Sœur Joseph-Marie), Philomène Raymond (Sœur Louis de Gonzague), Julie Aussibal (Sœur Madeleine), Sylvie Latieule (Sœur Hélène). Cette dernière fut admise à titre de sœur converse.

» Les ressources de la Communauté étaient plus que modestes. Aussi, à la plus stricte économie dans les dépenses fallut-il joindre des ouvrages de façon dont la modique rétribution devenait souvent à la lettre le pain de chaque jour. Cette pauvreté déconcertait parfois certaines âmes moins dédaigneuses des biens de ce monde et moins confiantes en la Providence que Mère Marie de Jésus. Un jour, l'Econome va trouver la Mère supérieure et lui expose avec amertume sa pénurie : elle n'a que quatre sous dans sa bourse et, plus pauvre que la Veuve de Sarepta, elle n'a plus rien dans son dernier vase d'huile. « Je ne veux pas vous imposer nos privations, Mademoiselle, répondit simplement la bonne Mère, vous êtes libre de vous retirer quand vous voudrez. » Dans l'après-midi, le domestique de M. le Curé portait dans un petit panier, de la part d'un bienfaiteur anonyme, la somme de quatre mille francs. C'est trop gros, dit la Fondatrice, on n'y touchera pas : cela servira à payer nos dettes. Elle envoya la généreuse aumône chez un agent de change et fit demander cent francs à son père.

» Le 17 avril 1855, le R. P. de Villefort, de la Compagnie de Jésus, donnait l'habit à quatre nouvelles sœurs et l'on faisait espérer à plusieurs postulantes le même bonheur pour le temps des vacances. L'œuvre prospérait.

» Cependant, sans que personne le soupçonnât autour d'elle, la jeune fondatrice sentait bien souvent faillir son courage. Les difficultés pécuniaires ne la troublaient pas plus alors qu'elles ne la troublèrent dans la suite; la pauvreté de la maison, elle l'embrassait avec amour; ce qui l'effrayait, c'était la responsabilité de sa charge et le peu d'aptitude qu'elle croyait avoir pour le gouvernement d'une communauté. Dès les premiers mois, elle s'était laissé envahir par ces pensées décourageantes. Le R. P. Nampon, de la Compagnie de Jésus, auquel elle en avait fait la confidence, lui avait donné l'idée de chercher une maison religieuse qui pût lui fournir une maîtresse des novices, en attendant que les circonstances permissent une affiliation complète. Cette idée charma Sœur Marie de Jésus. Le 15 juin 1855, elle arrivait à Vals, en compagnie d'une novice entrée depuis peu de jours, Mlle Fanny Bernat. Le R. P. Gautrelet, supérieur des R. P. Jésuites, les reçut avec une grande bonté. Il promit de faire toutes les démarches nécessaires pour atteindre la réalisation des désirs qu'on lui communiquait. Lui-même écrivit en ce sens à la R. M. Louise, Supérieure générale des Religieuses du Saint-Enfant-Jésus d'Aurillac et lui fit part des vues et des intentions de Sœur Marie de Jésus. Mère Louise ne fit pas attendre une réponse favorable qui combla de joie Mère Marie de Jésus et sa jeune compagne, et les décida à se rendre à Aurillac où leur était réservé le plus cordial accueil. L'entente fut facile avec la bonne Mère Louise. Leur passage dans la pieuse communauté fut très rapide; on les attendait à Rodez avec une légitime anxiété.

» Quelques jours après, la Supérieure générale de l'Enfant-Jésus y accompagnait la sainte Mère Marie qui commença immédiatement à remplir la charge importante de maîtresse des novices. Elle ne devait pas tarder longtemps à en présenter quelques-unes au saint Autel : le 2 août, au cours d'une retraite prêchée par le R. P. Carrot, de la Compagnie de Jésus, une troisième prise d'habit donnait à la petite communauté trois sœurs de plus : Sœur Marie-Joséphine (Françoise Lacan), Sœur Marie de la Croix (Fanny Bernat), Sœur Rodriguez (Justine Boutonnet).

» La mort de Mgr Croizier arrivée sur ces entrefaites, sembla d'abord devoir augmenter les difficultés: mais Dieu qui dirige à son gré les événements disposa si bien toutes choses qu'à la Noël de 1855 Mgr Delalle, successeur de Mgr Croizier sur le siège épiscopal de Rodez, signait l'acte d'affiliation entre les deux familles religieuses : c'était le don de joyeux avènement du divin Enfant Jésus.

» Plusieurs maîtresses de classe furent immédiatement envoyées d'Aurillac à Rodez pendant que Mère Marie de Jésus et ses premières compagnes allaient passer une année à la Maison-Mère, l'une pour y faire son année de probation avant l'émission des vœux perpétuels, les autres, pour se préparer à prononcer leurs vœux temporaires ou à prendre le voile.

» Le 28 décembre, fête des Saints Innocents, Mère Marie de Jésus changea son premier costume religieux pour celui de la Congrégation du Saint-Enfant-Jésus et le 18 septembre 1856, elle prononça ses vœux perpétuels selon les constitutions de cette Congrégation, après la retraite prêchée par le R. P. Ginhac, un autre saint de la Compagnie de Jésus, providentiellement rencontré à cette époque importante de sa vie. Mère. Joséphine fut sa maîtresse de troisième an. Austère et même un peu rude, elle ne relâcha rien de sa sévérité pour sa fervente tertiaire qui malgré cela — à cause de cela peut-être — s'attacha fortement à elle.

» Depuis le départ de la jeune fondatrice pour Aurillac, en décembre 1855, jusqu'à son retour, septembre 1856, Mère Marie remplit dans la maison de Rodez la charge de supérieure. Il eût été difficile de faire un meilleur choix.

» C'est dans la charmante vallée de Jussac, à quelques heures d'Aurillac, que Mère Marie était née, au sein d'une famille chrétienne des plus honorables. Vers l'âge de huit ans, Anne-Marie Murat rencontra fortuitement la vénérée Mère des Anges en visite dans sa famille, et cette circonstance providentielle laissa dans son âme une trace profonde. A treize ans, la jeune fille entra comme pensionnaire au Couvent de l'Enfant-Jésus d'Aurillac qu'elle ne devait plus quitter. Anne-Marie, devenue à sa prise d'habit Sœur Marie de la Présentation fut la première novice de l'Institut qui fit sa profession à Aurillac selon les règles canoniques, le 23 octobre 1823.

» Bien jeune encore elle fut désignée pour remplir la charge de maîtresse des novices, et son grand esprit de foi, sa régularité exemplaire, sa vertu suppléèrent si bien à l'expérience qu'apportent les années que toutes ses novices se sont distinguées par une vie vraiment religieuse et digne de leur sainte vocation.

» La Supérieure de l'Instruction du Puy ayant remarqué Mère Marie dans ses visites à Aurillac, la demanda à la R. M. Louise pour diriger pendant quelque temps le noviciat de sa Maison, ce qu'elle fit avec grand succès de 1844 à 1851. C'est elle qui inspira aux novices du Puy le désir de faire les vœux de religion au lieu des promesses qu'elles formulaient selon l'usage. De retour à Aurillac, Mère Marie fut envoyée à Rodez, comme maîtresse des novices, d'abord, ensuite comme Supérieure.

» Les difficultés ne lui manquèrent pas dans sa mission.

» Il lui arriva quelquefois de n'avoir pas même assez de pain pour les orphelines; mais ce n'était pas sans raison que la confiance de Mère Marie en la Providence était devenue proverbiale parmi les sœurs. Sa foi ne défaillit jamais; jamais non plus elle ne fut vaine. Un soir, on n'osait se rendre au réfectoire pour le souper; il n'y avait rien dans la maison. Mère Marie va frapper à la porte du Tabernacle, supplie le Maître; quelques moments après, une personne arrive et demande qu'on accepte un petit cadeau : c'était une généreuse aumône qui mettait à l'abri de la faim pendant quelques jours.

» La pieuse Mère pensait que rien ne ferait mieux ses affaires auprès de Notre-Seigneur que de mettre saint Joseph de la partie. Elle résolut donc d'acheter sa statue pour la placer dans le Monastère. Mais la bonne Supérieure n'était pas riche, et son entourage qui avait une foi moins robuste que la sienne, lui faisait bien des représentations. Mère Marie se procura malgré tout un saint Joseph. A peine la statue du puissant protecteur fut-elle installée dans la maison qu'un visiteur se présentait portant un panier à l'adresse de la Révérende Mère. Celle-ci attendit au lendemain pour l'ouvrir, bien persuadée que saint Joseph ne restait pas en retard ; elle y trouva, soigneusement enveloppés, plusieurs rouleaux de mille francs.

» Quand, au mois de septembre, la colonie ruthénoise quitta Aurillac, elle avait à sa tête la R. M. Joséphine que Mère Marie de Jésus avait instamment demandée pour Supérieure et dont elle ne voulait être que l'humble assistante. Tout allait bien dans la petite communauté de la rue Béteille. On y avait ouvert depuis quelques mois une classe de pensionnaires, aspirant pour la plupart au brevet de capacité et aux fonctions d'institutrices; un externat, à la rentrée d'octobre, fut annexé aux autres œuvres. A partir de cette époque, la Providence de Rodez, devenue Providence de l'Enfant-Jésus, marcha de progrès en progrès comme les maisons bénies du Ciel.

» En 1861, Mère Marie de Jésus acheta une partie du bel immeuble connu sous le nom de Pré de la Conque et dont l'acquisition fut complétée plus tard. Peu à peu le local subit les transformations exigées par le nombre croissant des élèves. La bande de terrains qui séparait primitivement la maison Bonnave de la rue Béteille fut utilisée pour des bâtisses qui, avec la chapelle et les immeubles annexés par voie d'acquisition à l'Etablissement lui donnèrent une façade de soixante-dix mètres.

» La construction de cette chapelle, dédiée au Sacré-Cœur, Mère Marie de Jésus l'avait longtemps rêvée et désirée!... M. l'abbé Cérès, aumônier de la maison, très remarquable archéologue, employa l'année 1862 à préparer le plan du petit sanctuaire en style roman élégant et pur. Les travaux durèrent deux ans. Le savant abbé, passionné pour les découvertes archéologiques éprouva une véritable joie de celles que l'on fit en creusant les fondations de la chapelle; plusieurs de ces objets furent gracieusement offerts au Musée de Rodez.

» Enfin l'aurore tant désirée se leva : le 6 mars 1865, Mgr Delalle put bénir la jolie chapelle, fraîche et coquette dans sa belle robe blanche que le chatoyant reflet des vitraux peints parsemait de perles et de rayons d'or.

» Revenons à l'histoire des premières années. Dans le but de procurer à sa fille quelques ressources de plus, M. de Séguret obtint qu'on lui confiât l'Ecole normale des jeunes filles. Les boursières suivirent la classe déjà créée des Institutrices qui vit alors augmenter beaucoup le nombre de ses élèves. Cette classe marchait si bien qu'à plusieurs reprises des distinctions honorifiques furent accordées par le Ministre de l'Instruction publique à Mme Henriette de Séguret, directrice du Cours normal d'Institutrices de Rodez. Un arrêté ministériel signé Jules Ferry, 1880, lui décerna une médaille de bronze.

» Mère Marie de Jésus visait plus haut. La rétribution pour l'Ecole Normale est mentionnée de 1860 à 1884. Pendant ce quart de siècle, elle réalisa auprès de ces enfants, généralement simples, bonnes, faciles à conduire, un bien immense qui atteignait en elles les jeunes générations qu'elles devaient former et jusqu'à la population entière des villages où devaient s'exercer leurs importantes fonctions. Nous trouvons dans une lettre de M. de Séguret ce consolant témoignage : « La Providence prospère sous la direction de mon humble fille qui est toute surprise de ses succès. Ses institutrices réussissent bien aux examens, et, une fois placées dans les campagnes, elles y sont des modèles de vertu. Plusieurs curés m'ont dit qu'elles leur valaient un vicaire. »

» On voit combien les circonstances avaient amené Mère Marie de Jésus à modifier ses premiers plans. Après l'ouverture en octobre 1856 d'un Externat dont elle garda la direction, de nouvelles classes furent créées sur le modèle de celles de la Maison-Mère.

» Les prédilections de la Fondatrice allèrent toujours aux déshéritées de ce monde ; mais Dieu qui la dirigeait à son insu lui demanda d'autres œuvres et elle obéit avec docilité.

» Dans sa haute intelligence des besoins de la

société moderne, écrit une de ses enfants, elle comprit qu'élever des jeunes filles qui, par leur position, pourraient avoir plus tard une salutaire influence dans la société et aider à y conserver les traditions de la foi et de l'honneur, serait une œuvre digne aussi du Christ qui a dit : Venez tous à moi. Il me semble que sa vie réalise à la fois la pensée de saint Vincent de Paul et de saint Ignace de Loyola. »

» Il ne nous reste plus qu'à mentionner en juin 1876 la création de l'Association des Anciennes Elèves, dont notre bonne Mère put avant de mourir, — ce fut une de ses dernières joies terrestres — voir célébrer le vingt-cinquième anniversaire. Douce et consolante pour les enfants de Mère Marie de Jésus, la fête des Noces d'argent le fut aussi pour leur Mère, car, au lieu de la mise en scène redoutée, il n'y eut ce jour-là autour d'elle que la plus charmante simplicité et le plus cordial abandon : « J'ai constaté avec bonheur, disait-elle à un groupe de ses chères Anciennes, que vous êtes vraiment demeurées très pieuses et j'ai dit à Notre-Seigneur : Ce n'est pas assez : achevez votre œuvre dans toutes ces enfants que vous aimez et que j'aime : — mais pas autant que vous, — faites-en des apôtres. »

» La prière des Saints ne reste jamais sans fruit. Lorsque, quinze mois plus tard l'œuvre de Mère Marie de Jésus, déjà ébranlée par la mort de sa fondatrice, tombera sous les coups de la persécution religieuse qui a couvert la France de ruines, l'Association des Anciennes Elèves sera là pour la relever. »

Avant de clore ce chapitre sur la fondation de la Providence de Rodez, qu'il nous soit permis de saluer aussi les âmes d'élite qui associèrent leurs généreux efforts à ceux de la vénérée Mère Marie de Jésus. Quelques-unes ne firent que passer auprès d'elle, comme Sœur Scholastique, rappelée à Dieu en octobre 1872, un mois avant Sœur de l'Immaculée-Conception qui, au lendemain de ses vœux, le 2 février 1866 avait été envoyée à Rodez où la classe des petites filles lui était confiée. La jeune professe était bien là dans son élément. Elle se sentait tout à fait à l'aise au milieu de ces âmes d'enfants, sœurs de la sienne par l'ingénuité, la naïve ferveur, le doux abandon.

L'heureuse maîtresse se dépensait sans compter pour sa petite famille qui, tout en se montrant docile et reconnaissante, n'usait pas moins une constitution déjà bien faible. Sœur de l'Immaculée-Conception revint à la Maison Mère atteinte de la maladie qui devait l'emporter au mois de novembre 1872.

Sœur Hélène, Sœur Rodriguez et Sœur Geneviève ont usé leurs forces à la Providence dans les humbles fonctions qui sont le partage des Sœurs converses.

Sylvie Latieule était née à Bezonne canton de Bozouls. On ne sait à quel titre elle fut tenue sur les fonts baptismaux par M. Marty, notaire et maire de la commune, qui se chargea de son éducation lorsque la fillette, encore en bas âge perdit son père. Entrée au service de la famille Bernat de Rodez, grâce à sa jeune maîtresse qui devint plus tard Mère Marie de la Croix, Sylvie connut le Couvent de la Providence, fondé à cette époque par Mlle de Séguret.

Une grande partie de la vie de cette chère sœur s'est passée dans les humbles et laborieuses fonctions de cuisinière; vers la fin de sa vie elle fut nommée portière. Dans l'un et l'autre emploi, Sœur Hélène a montré un dévouement à toute épreuve, une grande délicatesse de sentiments et une discrétion rare. La bonne sœur avait un vrai culte pour ses Supérieures, mais elle aimait aussi ses sœurs d'une affection bien sincère, et, pour leur faire plaisir, elle eût tenté l'impossible.

Sœur Hélène mourut le 23 décembre 1874. Elle était proche parente du Père Séguret, massacré pour la foi au Laos en 1884. Le Père Lacaze, mort aussi missionnaire en Chine appartenait à cette famille bénie du Seigneur.

Sœur Rodriguez naquit à La Capelle Saint-Martin non loin de l'antique sanctuaire de Notre-Dame des Monts plus connu sous le nom de Notre-Dame de Ceignac. Elle appartenait à une famille très nombreuse, et ses parents se décidèrent à aller en Afrique comme colons, espérant y trouver plus de ressources que sur le sol natal. Hélas! le choléra y faisait à cette époque de nombreuses victimes. Mme Molinier vit disparaître successivement son mari et ses enfants; elle ne conserva que Justine avec laquelle elle voulut retourner en France, mais elle succomba en arrivant à Marseille, et l'enfant deux fois orpheline revint seule à La Capelle auprès de son oncle qui l'aima comme une fille.

Justine Molinier entra bien jeune comme novice au Couvent de la Providence en 1854 et y prit l'habit quelques mois après. Dans tous les emplois que la chère sœur a remplis soit comme cuisinière, soit comme aide dans les soins donnés aux orphelines elle a déployé beaucoup d'activité et s'est toujours fait remarquer par son grand esprit d'ordre et de propreté. Le 4 mai 1884, Sœur Rodriguez expirait pieusement dans cette sainte Maison qui fut bien pour elle le port du salut après les épreuves de sa jeunesse.

Pradinas, canton de Sauveterre (Aveyron), fut la patrie de Catherine Mouly; elle passa d'abord quelque temps au monastère de Jésus-Marie. Le contact avec des religieuses fit naître dans son cœur des aspirations à la vie parfaite et il ne lui suffit plus de travailler en séculière dans la maison de Dieu. Elle désira se consacrer entièrement au service du bon Maître et le Couvent de la Providence fixa son choix. En 1857 elle demanda à être admise comme sœur converse et fut dirigée vers Aurillac, d'où elle revint plus tard avec le nom de Sœur Geneviève. En 1871, son tempérament commença à s'altérer sensiblement. Une maladie d'yeux la condamna à l'inaction pendant des mois; la carie des os se manifesta au pied et Sœur Geneviève ne put marcher qu'avec des béquilles. Jusque dans les derniers temps de sa vie, la pauvre infirme voulut se donner elle-même tous les soins que réclamait son état. Bien plus, elle confectionnait sur son lit de douleur à peu près toutes les pantoufles de la Communauté, se reposant de ce travail pénible en imaginant une foule de petits ouvrages de fantaisie. La chère sœur a quitté ce monde le 7 octobre 1892, laissant à son entourage l'édifiant souvenir d'une égalité d'humeur et d'une force d'âme admirable au milieu des plus cruelles et des plus constantes douleurs.

Au nom de ces vaillantes ouvrières, dont la tâche consistait à seconder leurs sœurs et à leur rendre le travail plus facile, il convient d'ajouter celui de Mathilde Panissal, en religion Sœur Léonie, qui appartenait elle aussi à une famille profondément chrétienne du Rouergue. De bonne heure, elle manifesta le désir d'embrasser la vie religieuse. Ses parents voulurent alors la faire instruire dans ce but; mais l'application à l'étude s'accommodait mal avec le tempérament de la jeune fille. Mathilde voulait être au Bon Dieu; peu lui importait le rang dans lequel elle serait admise à le servir. Les occupations matérielles, l'activité extérieure étaient d'ailleurs bien plus dans ses goûts que le soin d'une classe. L'élève de quelques mois demanda donc à être reçue parmi les postulantes converses.

Le Bon Dieu ne lui laissa pas le temps de poursuivre ici-bas une longue carrière. La chère sœur vit venir sans amertume l'heure de l'adieu à toutes les joies, mais aussi à toutes les luttes d'ici-bas. Heureuse fut-elle alors d'avoir servi avec amour dans l'humilité Celui qui sait récompenser au centuple les sacrifices courageusement acceptés pour Lui.

8

Et tandis que nous traçons ces lignes qui font revivre toute une pléiade d'âmes vaillantes, heureuses de se consacrer à Dieu dans les humbles fonctions de Marthe, une pensée mélancolique s'impose à notre esprit. Qui nous rendra ces beaux jours d'autrefois; qui nous rendra ces auxiliaires modestes dont le concours nous était si précieux!... Comme le jugeait si bien la chère Sœur Léonie l'essentiel est d'être dans un emploi en harmonie avec ses aptitudes : l'affection et la confiance vont toujours au dévouement véritable quel que soit son rang. Que les chères disparues plaident au ciel la cause de nos écoles et de nos monastères; qu'elles inspirent à des cœurs généreux le désir de seconder nos saintes entreprises par cet élan joyeux qui assure seul le bon fonctionnement d'un organisme où les plus humbles ne sont pas moins nécessaires que les plus capables. La pierre solide et résistante des fondations soutient l'édifice comme le pare le fronton ciselé. C'est à l'heure actuelle, une question vitale que la foi et l'amour divin nous aideront à résoudre pour la plus grande gloire du Maître que nous servons.

Le temps a marché tandis que nous nous attardions avec ce groupe disparu de nos chères Sœurs; il faut revenir en arrière pour inscrire la date du 22 mars 1891, qui marqua un deuil bien douloureux pour Mère Marie de Jésus, pour la Providence et pour ses Anciennes Élèves. Dans son numéro du 24 mars, la *Croix de l'Aveyron* annonçait en ces termes la mort de notre regrettée Sœur du Sacré-Cœur :

« Une apôtre de *La Croix*.

» Notre œuvre vient d'éprouver à Rodez une perte profondément douloureuse. Dimanche dernier, le Seigneur a jugé bon d'appeler à Lui une religieuse distinguée qui avait fait de la diffusion de la *Croix* son œuvre de prédilection.

» Madame du Sacré-Cœur, née Marie-Louise Lacombe, avait reçu à Paris, au Couvent des Oiseaux, une brillante éducation. Elle appartenait à la famille Lacombe, qui occupe une si grande place dans notre ville et dans notre département. M. le sénateur Eugène Lacombe, M. Michel Lacombe et M. Louis Lacombe, sont les frères de la défunte.

» Une semaine à peine avant sa mort, Madame du Sacré-Cœur était sortie pour accompagner, avec sa famille, les restes de sa mère bien-aimée. Un refroidissement qui s'ajoute aux émotions de la journée donne naissance à un état fiévreux. D'abord, on n'y voit rien d'alarmant. Douée d'une énergie peu commune, Madame du Sacré-Cœur se lève encore le mardi et le mercredi pour aller à la Sainte Messe. Dès le jeudi, les médecins constatent les symptômes d'une pneumonie bien caractérisée. Le vendredi matin, la malade reçoit la Sainte Communion en viatique; le soir elle demande le sacrement de l'Extrême-Onction, qui lui est administré en présence de ses frères et de ses autres parents ; elle leur exprime ensuite ses adieux et ses dernières recommandations. Le samedi, les médecins croient à une amélioration sensible; mais bientôt le délire se déclare et se prolonge jusqu'au lendemain. Le dimanche matin, la malade a retrouvé sa parfaite lucidité d'esprit pour recevoir l'indulgence plénière et les suprêmes bénédictions de l'Eglise. Elle expire doucement, presque sans agonie, à huit heures et demie du matin.

» Une foule nombreuse et sympathique s'est rendue aux prières des funérailles et au service de neuvaine; on y remarque toutes les notabilités de la ville. La *Croix de l'Aveyron* se fait un devoir de s'associer à cet hommage public rendu à la défunte et à sa famille, si douloureusement éprouvée en ces derniers temps.

» Nous n'avons pas à rappeler ici les qualités exceptionnelles de Madame du Sacré-Cœur. Sa haute intelligence et son activité lui donnaient un grand ascendant sur ses élèves. Elle leur témoignait, du reste, un dévouement à toute épreuve. Même après leur sortie du Couvent, elle s'occupait de tous leurs intérêts avec une sollicitude vraiment maternelle. C'est surtout au service de l'Eglise que se manifestait son zèle, qui était la note dominante de son caractère.

» Son esprit pénétrant et de vaste envergure avait compris la haute importance de la presse catholique. Aussi, ne manquait-elle jamais de profiter des rapports qu'elle pouvait avoir avec les personnes du monde, pour recruter à l'œuvre de la *Croix* des abonnés ou des apôtres. Plusieurs fois elle adressa dans ce but des circulaires à ses anciennes élèves : « Je ne » m'occupe pas de politique, disait-elle peu de jours » avant sa mort; mais je désire de toute mon âme le » règne de Notre-Seigneur et je ne veux rien négliger » de ce qui peut le procurer. »

» Elle goûte maintenant, nous l'espérons, la récompense promise à ceux qui travaillent à répandre la vérité divine. N'est-il pas bien consolant, pour ceux qui pleurent cette vaillante religieuse, de songer aux nombreuses familles où elle a fait pénétrer, par la *Croix*, un missionnaire qui leur prêche chaque jour les enseignements du salut! Les anges des foyers sanctifiés ainsi par le zèle se sont empressés de l'introduire auprès de Dieu qui couronne si magnifiquement les moindres efforts tentés pour sa gloire. Cette pensée ne peut manquer d'adoucir les regrets de sa famille religieuse et de tous les siens; elle sera un baume pour le cœur de Madame Marie-Louise qui lui survit au Couvent de la Providence, et qui s'est toujours associée si intimement aux œuvres, aux intentions de sa sœur bien-aimée. »

Rien ne saurait mieux exprimer que cette courte nécrologie ce que fut parmi nous Sœur du Sacré-Cœur. Toutefois, quelques détails sur les ingénieuses et multiples ressources employées par elle dans l'exercice de son apostolat, si consolant et si fécond, peuvent être un précieux exemple pour les âmes qui se consacrent aux œuvres de zèle et de formation religieuse.

Entrée dans la Congrégation à l'âge de vingt-trois ans, après avoir joué un rôle très actif au sein de sa famille, Sœur du Sacré-Cœur porta dans la Religion, avec une intelligence supérieure, beaucoup d'initiative, une grande expérience de la vie, un dévouement qui ne s'est jamais démenti.

Elle avait tout ce qu'il faut pour réussir auprès des enfants : piété ardente, élevée, communicative; affection sincère, désintéressée, pour les âmes dont elle était chargée, au point de ne compter jamais avec elle-même quand elle pouvait leur être utile; esprit étendu, souple, agréable, pénétrant, instruction solide qui lui avait valu les premiers prix dans toutes les classes au Monastère des Oiseaux; instruction qu'elle complétait chaque jour par un travail personnel et constant.

Il était difficile de résister à l'influence d'une telle maîtresse; on ne l'essayait pas, en général, et si parfois la frayeur de la lutte qu'il fallait entreprendre contre soi-même, en acceptant sa direction, en arrêtait quelques-unes, le savoir-faire et le cœur de la Religieuse dévouée finissaient par triompher de toutes les résistances.

Ses délicatesses maternelles envers les nouvelles venues étaient touchantes. Bonnes paroles, témoignages d'une bienveillance toujours religieuse, patience, encouragements, tout était mis en œuvre jusqu'à ce que la jeune fille parût à l'aise et que son estime fût gagnée. Alors Sœur du Sacré-Cœur changeait de tactique; sans doute, elle restait mère, mais les rapports étaient modifiés. La maîtresse exigeait le travail sérieux en classe : elle prenait une peine extrême pour le rendre facile, intéressant, pour le mettre à la portée de toutes les intelligences, mais il fallait y correspondre selon ses aptitudes.

L'éducatrice exigeait surtout un labeur qu'elle regardait comme plus important encore. Songeant à l'avenir, Sœur du Sacré-Cœur voulait préparer des femmes fortes, sachant se renoncer pour faire face aux difficultés de la vie et se montrer en toutes rencontres fidèles au devoir.

Celles qui ont eu le bonheur de bénéficier de cette formation intellectuelle et morale si complète n'ont pas oublié « la demi-heure » du dimanche : que n'eût-on pas accepté pour l'obtenir; quelle tristesse lorsque par suite du manque d'application dans le travail, de la dissipation aux études on en était privé. Si dans la semaine il n'y avait eu rien de trop répréhensible, la chère maîtresse réunissait autour d'elle sa joyeuse famille en un petit cercle intime. On causait ensemble, on échangeait les idées, les manières de voir, on se faisait un idéal qu'il appartenait à chacune de conserver jalousement pour s'orienter dans la vie quand l'heure de la séparation serait venue. Mgr Landriot et Mgr Gay fournissaient parfois le cadre de ces entretiens par une substantielle lecture qui apprenait aux âmes d'élite à goûter le charme du commerce avec nos grands penseurs. D'autres fois, c'était sur un sujet profane que roulait l'entretien et je vois encore, dit une Ancienne, les gros cahiers dans lesquels notre chère maîtresse copiait pour nous les lire, les mettant bien à notre portée, tels romans de Zénaïde Fleuriot ou de Paul Féval.

Parfois encore, si le besoin s'en faisait sentir, on recueillait pour les lire ensuite tout haut les remarques de chacune sur la conduite générale de la classe, ou sur quelqu'une des élèves qui la composaient. Que d'observations judicieuses appelant l'attention sur le point en souffrance! Quelles bonnes vérités dites en toute franchise et reçues de même. Le Pensionnat avait aussi ses heures de formation spirituelle. Chaque soir, après la prière, une pensée de foi, pratique mais courte, indiquait aux internes réunies la petite méditation du lendemain. Les anciennes élèves n'ont pas oublié non plus la préparation à la Sainte Communion faite tous les dimanches matin avant de se rendre à la Messe. Des paroles ardentes présentées d'après la méthode si simple de l'Année eucharistique : Quel est Celui qui vient? A qui vient-il? Pourquoi vient-il? formaient les âmes à l'union intime avec le divin Maître et préparaient le cadre de la semaine tout entière.

. Mais la correspondance entretenue par Sœur du Sacré-Cœur avec ses élèves nous donnera la note vraie de ce dévouement tout apostolique. Nous pourrions multiplier les citations, et il faut nous borner. Celles qui reçurent ces lettres les conservent précieusement, aiment à les relire, et y trouvent toujours lumière et réconfort comme autrefois. On ne sait qu'admirer davantage de la facilité d'un style qui s'adapte si bien aux circonstances ou de la solidité de cette doctrine si sûre et si éminemment pratique. C'est donc presque au hasard que je choisis.

« Rodez, 7 janvier 1877.

» En vous remerciant de vos vœux, je commencerai par vous dire que vous avez parfaitement choisi sur un point. Que mes enfants soient ma joie, oh! oui, demandez-le souvent, parce que c'est demander à Dieu de les rendre ferventes, sérieusement chrétiennes ; voilà bien avant tout ce qui fera ma joie. C'est pour Jésus que nous les élevons, c'est Lui qu'il faut mettre tout d'abord dans leur esprit et dans leur cœur, et c'est peut-être la tâche la plus difficile, parce qu'il faut être très bonne soi-même pour la remplir passablement, et que le démon, le monde font tous leurs efforts pour contrebalancer notre influence. Cependant, il faut l'avouer, nos enfants sont bonnes généralement; nous travaillons sur un terrain bien préparé, la plupart du temps, par une mère chrétienne, et ce n'est pas un médiocre avantage. Aussi je ne connais point parmi nos Anciennes d'enfants qui ne soient à leur devoir, avec des degrés différents de ferveur, sans doute, mais enfin de façon à contenter Dieu et leurs familles. Je suis toute réjouie de leurs lettres que l'époque multiplie ; elles témoignent de la bonne volonté et du fidèle souvenir gardé à leur Couvent.

» Et vous, ma bien chère enfant, nous arriverez-vous pour la retraite? Vraiment un de mes meilleurs vœux sera que l'année 1877 vous procure cette grâce précieuse. Le premier que je forme pour vous et il renferme tous les autres, c'est la réalisation de votre devise : Toujours fidèle. Que j'aime ces deux mots! et cependant pour le détail intime de la vie, que de fois ils sont loin de notre conduite. Mais, en dépit de tout, des fautes et des défaillances, hélas! trop multipliées, restons toujours fidèles par le soin de revenir à Jésus avec le regret dans le cœur et sans jamais perdre confiance. C'est une fidélité qui lui plaît presque autant que la première; Il a si grande compassion de nous, Il nous reçoit avec une si admirable miséricorde!

» Nous sommes dans l'octave d'une bien joyeuse fête pour nous, héritiers de ces Gentils appelés à la foi dans la personne des rois mages. La manifestation de Jésus, comme nous devons lui demander de la renouveler en nos tristes temps où les multitudes semblent retombées dans le paganisme. Comme nous devons demander au Dieu Sauveur de se manifester surtout à nos âmes, de se faire mieux connaître de notre esprit, de notre cœur! Si nous avions bien compris ce qu'est Jésus-Christ, ce qu'Il a voulu devenir pour nous, les excès de tendresse où Il s'est porté, nous embrasserions aussi ce que le monde appelle les excès de la vie des saints. Mais nous nous contentons d'effleurer ces ravissantes vérités, nous aimons très peu, parce que nous connaissons à peine, et une foule de choses nous pèsent, parce que nous n'aimons qu'à demi,

J'aurais voulu que vous puissiez entendre les beaux discours de Mgr Mermillod sur Notre-Seigneur. Il parlait à un auditoire d'hommes comme jamais il ne s'en était vu à Rodez. Oh! prions Jésus de se manifester et de donner à la terre des apôtres, des saints, qui de nouveau apprennent aux hommes les gloires de son nom, les tendresses de son amour.

» Henriette a dû vous dire que nous avons eu le bonheur de voir et d'entendre l'éminent prélat. Julienne lui a lu un compliment auquel il a répondu avec une grâce charmante, nous donnant les plus sérieuses leçons revêtues d'un charme inexprimable. Je veux vous en dire une qu'il faudra mettre en pratique pendant toute l'année. Jésus s'amusait avec les enfants de son âge : un de leurs jeux préférés, raconte la tradition, était de faire de petits oiseaux de terre glaise. Jésus mettait sur sa main ceux qu'Il venait de façonner, les animait de son souffle divin et ces petites colombes s'envolaient vers le ciel. Les autres enfants auraient bien voulu aussi faire voler leurs oiseaux, mais, en soufflant bien fort, ils ne réussissaient qu'à les faire tomber sur le sol où ils se brisaient. Nos actions de chaque jour, que sont-elles, hélas! de pauvres colombes d'argile également; mais, plus heureux que les enfants de Nazareth, nous pouvons les vivifier toutes, les envoyer vers le ciel. Que faut-il pour cela? Une intention pure, le désir de plaire à Dieu, et nos petites colombes s'élèvent droit vers son trône et vont nous y attendre. Que nous serons bien aises un jour d'avoir envoyé beaucoup de ces célestes messagères. Il faut que toutes nos actions cette année soient des colombes vivantes, que nous nous efforcions d'acquérir cette pureté d'intention, cette sanctification des actions ordinaires qui fera notre fortune spirituelle. Faute de cela, la routine, le hasard, l'amour-propre s'emparent de nos actes, qui, un à un, retombent et se brisent, nous laissant quelques grains de poussière

dans la main. Oh! ce n'est pas assez pour notre ambition, n'est-ce pas! Adieu, chère enfant, envoyez force
petites colombes et priez quelquefois pour

> » Votre Mère et amie. »

> « Rodez, 1ᵉʳ septembre 1877.

» Je vous renvoie, ma chère petite, la moitié, au
moins de votre reconnaissance car je n'ai rien fait qui
me paraisse la mériter. Penser à mes enfants et le
leur dire quand l'occasion s'en présente, n'est pas héroïque, croyez-le, et ce qui le serait beaucoup plus,
à coup sûr, ce serait d'agir différemment. Notre-Seigneur nous a confié vos âmes pour que nous sachions
les aimer comme il les a aimées lui-même; ne sont-ce
pas ses expressions? et quand on aime bien, je ne vois
pas ce qui pourrait coûter beaucoup. Donc, c'est bien
pour vrai que nous vous nommons nôtres; c'est bien
du plus profond et du plus intime que nous nous inté-
ressons à ce qui vous intéresse, et c'est bien toujours,
j'espère, que vous trouverez en celles que vous appelez
vos Mères, non seulement un titre nominal, mais la
tendresse et le dévouement maternels.

» Et maintenant, je vous dirai encore ajourd'hui que
j'ai trouvé dans vos lignes des pensées très justes, très
bien senties sur l'apostolat qui vous est réservé pour
quelque temps au moins, dans le sein de la famille.
On croirait que vous aviez lu, avant d'écrire, une bien
bonne lettre que j'ai reçue, il y a quelques jours à
peine de la Supérieure des Trappistines. Je lui avais
dit combien je ressentais d'admiration pour leur courageuse vie, combien j'appréciais l'énergie qu'il faut
pour triompher de la nature d'une façon aussi complète que l'exigent leurs habitudes.

» Elle m'a répondu par l'apologie de notre mission
à nous, bien supérieure, pense-t-elle, à d'autres genres
de vie, parce que nos soins s'adressent aux âmes, et

qu'il nous est donné directement d'étendre le royaume de Dieu. C'est vrai que c'est admirable cette condescendance divine se servant de si faibles instruments pour une fin si relevée, et j'avais bien choisi quand c'était l'heure de me prononcer en pleine connaissance de cause. C'est cela que vous faites aussi, ma chère enfant, déployez-y tout votre zèle, sans oublier toutefois ce que dans son humilité notre chère prieure n'a point ajouté, mais que je redis sans cesse. Sans l'aide et la prière des Saints nos efforts seraient vains, notre travail sans résultat. Et cependant, il en faudrait des fruits de sanctification pour contrebalancer ce grand apostolat du mal qui s'exerce avec un si effrayant succès. Les âmes se perdent par milliers; on ne peut compter d'une manière absolue sur la persévérance d'aucun, tant les pièges sont nombreux, déguisés, séduisants. Je vous disais un jour, il y a bien longtemps déjà : « Pauvre Jésus! » Oh! nous pouvons bien le redire aux pensers désolants de si tristes défections, de la tiédeur, de l'indifférence de ceux mêmes qui se disent croyants, des défaillances de notre propre vie. Jésus nous a aimés avec une si débordante tendresse, avec un absolu dévouement! et nous, comme vite nous nous lassons, comme le sacrifice nous fait peur, comme les grands intérêts de la foi nous laissent insouciantes, alors que nous pourrions cependant, pour notre petite part contribuer à la victoire. Je pense avec vous tout haut, enfant, et vous écris ce dont mon cœur est plein. Je m'en veux à moi aussi et vous demande de présenter mes misères à Notre-Seigneur. Sans doute, il ne faut rien exagérer, il se fait d'excellentes œuvres; mais pour combien elles sont entachées par ce côté humain, qui vient ravir à Dieu la meilleure partie de sa gloire. Prions beaucoup pour la conversion du monde et contribuons-y tout d'abord, dans la mesure du possible, par notre propre conversion. Elle arriverait bientôt si nous prenions à tâche en toute chose de réjouir et de dédommager le cœur affligé de Jésus. Amen, pour vous, pour moi et pour tous ceux qui savent comprendre et sentir. »

Quelques jours avant sa mort, Sœur du Sacré-Cœur écrivait à une de ses chères Anciennes :

« Laissez-vous absorber quant à l'extérieur, rien de mieux, dans vos devoirs d'état qui peuvent sanctifier votre âme, tout en donnant très douce satisfaction à votre cœur, pourvu que vous ayez soin d'élever de temps à autre votre pensée vers Dieu. Travailler, c'est prier. Cette union des vues surnaturelles aux affections très légitimes qui vous inspirent attirera sur vos efforts une grâce spéciale qui les rendra très fructueux, et vos enfants, soignés comme des plantes très précieuses feront la gloire et l'honneur du sanctuaire intime où vous avez mission d'entretenir une atmosphère de pur christianisme.

» Vous êtes vraiment missionnaires, Mesdames, chargées de répandre et d'entretenir la foi de Jésus-Christ et, de même qu'un grand nombre d'apôtres doivent dans les pays lointains verser leur sang pour arroser la semence divine et la rendre féconde, de même il y a beaucoup de femmes qui, par les souffrances physiques ou morales, subissent une sorte de martyre dont le prix sera le salut des âmes que Dieu leur a confiées. Et certes, quand on songe à l'éternité, on ne saurait trouver qu'une si grande et si précieuse chose soit achetée trop cher.

» Mais combien de chrétiennes sont loin de penser à ces vérités! Combien se contentent de demeurer aux surfaces, ne soignent guère que le corps et, on peut le dire, manquent à la partie essentielle de leur vocation. »

Une sorte de pressentiment lui faisait adresser les lignes suivantes à une autre de ses enfants :

« Je vous envoie mon adieu; il n'est pas triste, car
je compte que vous voulez être bonne et que vous allez être heureuse de ce bonheur relatif qu'une femme
sérieuse peut trouver dans un foyer chrétien. L'autre,
bonheur auquel rien ne manque, est réservé pour plus
tard, il ne saurait être le lot des exilés. »

Quand on pense que l'infatigable apôtre a écrit ainsi
des centaines et des centaines de lettres aux nombreuses enfants qui se faisaient une joie de l'associer à
leur vie intime, on ne sait ce qu'il faut admirer davantage de la haute intelligence qui s'y trahit sans effort,
de la merveilleuse adaptation aux besoins des temps
et des personnes, de la tendresse qui s'y exprime simplement et dont elles sont la preuve la plus certaine.
Mais si l'on ajoute que ces lettres si parfaites étaient
écrites à la hâte, à bâtons rompus, au dortoir avant ou
après le lever et le coucher des élèves, en récréation,
dans les moments libres entre une préparation de
classe et une correction de devoirs, on ne peut que
s'incliner avec respect devant la sainte mémoire de
cette éducatrice incomparable qui se donna aux âmes
sans leur marchander ses peines et ses sacrifices.

Ses enfants ne l'oublieront jamais; elles sont, il
faut l'espérer, sa magnifique couronne dans le ciel,
car si Dieu paie au centuple le verre d'eau froide donné
pour son amour, quelle récompense ne réservait-il pas
à celle qui le fit si bien connaître et aimer pendant un
quart de siècle ? N'a-t-il pas dit lui-même de ceux qui
le servent par l'apostolat auprès de la jeunesse : « Ils
brilleront comme des étoiles dans les perpétuelles éter-
nités. »

CHAPITRE XII.

Les Fondations :
La Rochefoucauld, Villefagnan, Decazeville.

L A fondation de La Rochefoucauld (Charente) suivit de près l'affiliation de Rodez. Ce fut le R. Père
Nampon, de la Compagnie de Jésus qui en fut l'insti-
gateur.

Les Dames de la Congrégation de Saint-Paul, dont la
Maison Mère était à Angoulême, avaient un établissement dans la petite ville de La Rochefoucauld. Ces
religieuses se réunirent en 1857 à la Société du Sacré-
Cœur, nouvellement établie au chef-lieu du département. Celle-ci chercha bientôt à se défaire de la maison lui arrivant ainsi indirectement. Le Père Nampon, qui connaissait le Saint-Enfant-Jésus d'Aurillac
et lui portait même un sincère intérêt, crut l'occasion
favorable pour donner à cet Institut un établissement
hors du diocèse de Saint-Flour. Il invita Mme Gabaud,
l'ancienne Supérieure de Saint-Paul et Mme Duma-
seau, la Supérieure du Sacré-Cœur, à se mettre en rapport avec la Révérende Mère Louise.

La Providence qui destinait les religieuses d'Aurillac à évangéliser cette terre privilégiée, aplanit si bien
les difficultés qu'en 1857 l'achat du Couvent de La
Rochefoucauld était conclu, et la petite colonie arrivée

d'Auvergne s'y installa en septembre, sous la protection de saint Michel. Pour la première fois Mère Louise imposait à ses filles une longue séparation et ce n'était pas sans une secrète angoisse qu'elle les envoyait au loin, dans une région moins croyante que l'antique sol de nos montagnes. Elle ne se doutait pas alors des consolations qui lui viendraient de la fondation nouvelle, et des excellentes recrues que le Bon Dieu nous réservait dans ce gracieux coin de terre. Mère Marie, Supérieure de la petite Communauté, Mère Sainte-Croix, son Assistante, accompagnées de deux sœurs converses, Sœur Agnès et Sœur Rodriguez partirent les premières, pour prendre possession du local. La Révérende Mère Louise et deux maîtresses de classe, Mère Mectilde et Mère Gonzague vinrent les rejoindre le 28 septembre. Il n'y avait point d'illusion à se faire, c'était la pauvreté qui les attendait; mais l'amour du bon Maître remplissait les âmes et savait embellir l'humble abri qu'on allait habiter pour lui. N'avait-il pas sa demeure sous le même toit, une petite chapelle très convenable, dont le voisinage suffisait à ensoleiller la demeure.

Dès le lendemain de son arrivée, la Supérieure générale reçut la visite des futures élèves du Saint-Enfant-Jésus, et constata, non sans peine, une certaine froideur et des préventions injustes contre les nouvelles venues. Sur la foi de leurs pressentiments, quelques parents s'étaient décidés à envoyer leurs filles à Angoulême. Il faudrait conquérir la place et la place était grandement sur la défensive. La rentrée fixée au 10 octobre ne s'annonçait donc pas très brillante. Pour cette première année, la campagne fournit les grandes élèves; la ville donna un charmant et bon noyau de fillettes des premières familles de l'endroit : c'était l'espérance! Chaque maîtresse apporta toute sa bonne volonté à l'œuvre entreprise; les classes gratuites se remplirent facilement et deux nouvelles maîtresses furent envoyées d'Aurillac pour s'en occuper. Petit à petit, le dévouement et l'affection de ces éducatrices modèles surent gagner le cœur des élèves qui devinrent rapidement nombreuses; et quelques années s'étaient à peine écoulées depuis l'installation des Religieuses du Saint-Enfant-Jésus que personne ne songeait à envoyer ses enfants au loin. Plus d'une âme d'élite se rencontra dans ce milieu de choix; les unes grossirent le nombre des chères novices d'Aurillac, d'autres furent l'honneur et la joie de leur foyer en même temps qu'elles étaient la consolation de la maison religieuse où s'était écoulée leur enfance.

Pour arriver à ces heureux résultats, la petite communauté avait dû s'imposer longtemps de réels sacrifices : ne fallait-il pas suppléer au petit nombre des maîtresses par un redoublement d'ardeur au travail et de générosité. Les ressources étaient modestes ; quelle gêne pour équilibrer le budget, et personne n'eût voulu marchander sa peine et son meilleur dévouement. Bien plus, les Charentaises désirèrent apporter leur obole à la construction de la chapelle d'Aurillac; détail bien touchant, pendant de longs mois, les privations se multiplièrent et servirent à réaliser une somme convertie ensuite en pièces d'or, devenues les pétales d'une belle rose portant à Mère Louise les vœux de ses enfants éloignées. Avec sa délicatesse ordinaire, la Supérieure générale voulut que ce qui avait coûté tant de peine à ses enfants servît à parer l'intérieur du Tabernacle.

Avec quelle sollicitude elle les suivait de loin dans leurs difficiles fonctions : « Malgré nos peines, nos embarras ne laissons pas de dilater nos cœurs par une grande confiance en Dieu, leur écrivait-elle. Il est notre père et Il nous aime, tâchons de mériter ses grâces par notre fidélité et notre ferveur. » Et quand chaque année, il était donné à la Supérieure générale d'aller visiter ses chères filles de la Charente, quelles heures délicieuses d'intimité familiale elles passaient ensemble dans la petite salle de communauté où longtemps après on évoquait encore le joyeux souvenir de ces trop rapides instants de bonheur.

Sur ces entrefaites, une fois de plus, la Supérieure générale avait été confirmée dans sa charge. C'est donc encore Mère Louise qui eut la joie de voir s'ouvrir en Charente plusieurs établissements de la Congrégation. Quelques-uns, comme Bunzac et Saint-Laurent eurent une durée éphémère, d'autres comme celui de Villefagnan reçurent une organisation définitive dès l'année 1858. Les quatre religieuses qui y furent envoyées, sous la direction de Mère Saint-Régis donnèrent pleine satisfaction à M. Berguien, curé de la paroisse, qui leur témoignait un dévouement sans limites. Plus tard, Mère Saint-Régis s'acclimatant difficilement dans ce nouveau poste, y fut remplacée par Mère Marie, tandis que Mère Sainte-Croix lui succédait à La Rochefoucauld.

L'arrivée de la nouvelle Supérieure contribua beaucoup au succès de la fondation de Villefagnan. Avec son joyeux entrain, ses manières séduisantes et son excellent cœur, Mère Marie eut bientôt gagné tout son monde. On ne l'appelait que la bonne Mère, et comme l'on n'ignorait pas les difficultés d'un établissement à son début, chacun voulait contribuer pour sa part à une amélioration. Des cadeaux de toute nature affluaient au Couvent, délicat témoignage de reconnaissante affection. Les traits édifiants seraient nombreux dans cette période. A côté du couvent, une pauvre infirme gisait dévorée par un cancer affreux; Mère Marie alla la voir, la soigner, lui parler du bon Dieu. Cette femme que la douleur avait aigrie fut sensible à tant de marques de bonté; elle s'affectionna à la bonne Supérieure, apprit d'elle à accepter son mal avec résignation et devint une providence pour les chères sœurs. D'autres firent surtout bénéficier la chapelle de leurs pieuses générosités et c'est à elles que les religieuses durent leurs premiers ornements d'autel.

Mère Marie serait connue imparfaitement si nous ne disions un mot de son dévouement absolu à l'égard des enfants. Quels que fussent d'ailleurs ses titres et ses fonctions, elle trouvait toujours du temps pour s'occuper des élèves, qu'elle savait si bien captiver et instruire. Cependant le travail plus encore que les années avait usé les forces de cette fervente religieuse. Après avoir été demandée comme maîtresse des novices par une maison étrangère, après avoir fondé les postes les plus difficiles, elle termina humblement sa carrière à la Maison Mère, s'employant encore avec l'ardeur des premiers jours à confectionner des ouvrages manuels, pour se rendre utile jusqu'à la fin à la Congrégation qui lui était si chère. La bonne Mère attendit ainsi calme, patiente et joyeuse l'appel du divin Maître. Elle mourut le 9 mai 1873.

Les fondations se multiplièrent vers 1858 et les plus intéressantes furent celles de Laroquebrou dans le Cantal, et de Decazeville dans l'Aveyron. Ces deux localités possédaient depuis quelques années des Sœurs institutrices, qui furent alors remplacées par des religieuses. Sœur Rosalie, de si douce et de si pieuse mémoire, alla fonder l'établissement de Laroquebrou, tandis que Sœur Clotilde était nommée en 1860 directrice du Couvent de Decazeville, maison dite de la Compagnie. Ce dernier établissement devait prendre dans la suite une réelle importance, et faire un bien considérable dans un centre minier aussi actif que cette ville industrielle de premier ordre.

Dès 1847, M. Cabrols, député de l'Aveyron, et M. l'abbé Fourgous, curé retraité de Decazeville, avaient demandé à Mère Louise des Sœurs Institutrices pour élever les nombreuses enfants des ouvriers de la Compagnie. En 1860, les religieuses prirent la direction de l'établissement dont la prospérité naissante faisait

présager le brillant avenir. Sœur Clotilde ne tarda pas
à être remplacée comme Supérieure par Mère Ursule,
dont le nom reste si populaire parmi ses anciennes élèves aussi bien que dans la Communauté qui bénéficia si longtemps de son inlassable dévouement.

C'est une figure à part dans l'histoire de la Congrégation que celle de la bonne Mère Ursule qui, pendant
près d'un demi-siècle, fut à Decazeville la Providence
très aimée de si nombreux foyers. Née à Bretenoux,
dans le Lot, d'une famille profondément chrétienne,
la jeune Sœur se trouva de bonne heure à la tête d'une
Communauté de quinze religieuses, chargées d'instruire et d'élever des centaines d'enfants, appartenant
à toutes les classes de la société, car les filles des di-
recteurs et ingénieurs ne dédaignaient pas de venir chez
les Sœurs de la Compagnie où chacune trouvait la formation et l'instruction convenable à son rang. Très
aimée de l'administration qui ne lui marchandait pas
les secours de toute nature, et soutenue par la confiance des parents, Mère Ursule n'hésita pas à entreprendre la construction d'une spacieuse demeure, en
rapport avec le nombre toujours croissant des élèves.
Comment exprimer les sollicitudes et les soucis de la
bonne Mère pendant cette période laborieuse qui dota
la Congrégation d'un superbe Etablissement, complété
par l'acquisition d'un vaste terrain à la campagne, afin
que maîtresses et élèves puissent respirer librement
un air plus pur que celui d'une cité industrielle en
plein « Pays noir ». Aussi comme elles l'aimaient les
sœurs et les enfants, cette Mère toujours oublieuse
d'elle-même, qui, pauvre de tout bien-être personnel,
savait si bien donner aux autres confort et soins affectueux. Comme ils la connaissaient les malheureux
pour lesquels elle avait fondé l'Ouvroir où chaque samedi les dames de la ville venaient confectionner lin-
gerie, vêtements, layettes pour les familles nombreuses dont Mère Ursule prévoyait les besoins, faisant

elle-même le paquet portant le nom de chacune, en attendant l'heure de la distribution générale. Plus de cinq cents foyers étaient ainsi secourus, consolés avec délicatesse vraiment maternelle. Aussi, quand survinrent les sombres jours des grèves sanglantes, les sœurs de la Compagnie qui n'avaient fait que du bien furent respectées de façon touchante, en pleine émeute, par ceux-là mêmes qui devenaient un danger pour tant de leurs paisibles concitoyens. Les vertus de la bonne Supérieure rayonnaient autour d'elle et lui attiraient le respect et l'admiration que son humilité était si loin de rechercher. On raconte, entre autres détails, qu'à son retour de Rome, l'illustre Cardinal Bourret, recevant un accueil triomphal dans toutes les localités traversées, se vit entouré à Viviers d'une foule sympathique, désireuse de recevoir ses premières bénédictions. De la portière, où il la saluait, Monseigneur distingua dans le groupe compact qui l'entourait, la bonne Mère Ursule qu'il estimait particulièrement, et, tandis qu'elle s'effaçait dans l'ombre, l'humble religieuse s'entendit interpeller avec cette charmante familiarité dont l'illustre prélat était coutumier : « Venez ici, ma Mère de la Compagnie, il y a longtemps que nous nous connaissons. »

Le Bon Dieu voulut épargner à Mère Ursule la suprême douleur de voir sa maison fermée, vendue au enchères et changeant si complètement de destination. Il la rappela à Lui l'année même de ce grand deuil. Son dernier travail en ce monde fut la confection d'un bouquet pour saint Joseph qu'elle aimait tant. Elle s'éteignit le Jeudi Saint, après être restée malade à peine huit jours. Alors seulement on connut les pieux excès de sa vie de pauvreté et de charité héroïque; elle avait vécu en anachorète, pratiqué une abnégation d'elle-même touchante; la mort lui fut douce et elle trouve au ciel la récompense de ses admirables vertus.

CHAPITRE XIII.

Mère Sainte-Croix.

Cependant, il tardait à Mère Louise de dire son *Nunc dimittis*. Elle avait mis la dernière main à l'œuvre de ses devancières : les projets d'organisation du Pensionnat étaient réalisés; les Constitutions avaient reçu l'approbation de Monseigneur l'Evêque de Saint-Flour et un bref laudatif de Rome; la chapelle était entièrement terminée et Mgr de Pompignac avait donné à l'Institut une nouvelle preuve de sa bienveillance en venant lui-même la consacrer en 1862, assisté de Mgr Lacarrière, évêque de la Basse-Terre, et de Mgr Bouange, vicaire général d'Autun, protonotaire apostolique, l'ami si fidèle de la Congrégation du Saint-Enfant-Jésus. Le monastère lui-même avait été réparé et embelli et les fondations se multipliaient dans plusieurs diocèses. Le docile instrument dont Dieu s'était servi pour procurer un si grand bien, ne demandait plus que le repos et la paix des derniers jours d'une vie de labeur et de généreux dévouement.

Tant de sollicitudes avaient d'ailleurs épuisé la santé déjà si chancelante de la petite-nièce de Mère des Anges. Elle se sentait incapable d'assumer les responsabilités toujours plus grandes de sa charge. Les élections devaient avoir lieu au mois de septembre

1864; avec insistance, elle demanda à Monseigneur de Saint-Flour d'user de son influence auprès des sœurs électrices pour qu'un nouveau choix orientât le Chapitre général de la Congrégation. Sa Grandeur refusa d'abord énergiquement; mais, sous l'action de la Providence, il changea plus tard d'avis, et Mère Sainte-Croix, Supérieure du Couvent de La Rochefoucauld, fut élue, à l'encontre de toute prévision.

A partir du jour de sa déposition, Mère Louise se retira complètement des affaires, et les deux années qu'elle vécut encore ne furent guère qu'un lent mais continuel affaiblissement de ses forces. Sa bonté seule ne perdait rien de cette chaleur qui avait rendu si fécondes les années de son gouvernement. Elle se montrait de plus en plus maternelle avec ses filles bien-aimées; heureuses de leurs fréquentes visites, elle épanchait simplement dans leurs âmes, qu'elle connaissait si bien, les sentiments qui remplissaient la sienne, réagissant avec énergie contre la tristesse que sa maladie de cœur avait développée durant les dernières années de sa vie. En 1864, une fluxion de poitrine l'avait mise en grand danger et comme une de ses filles s'écriait à la pensée d'une séparation prochaine : O ma mère, que ferai-je si vous nous quittez! — Soyez tranquille, répondit Mère Louise, si je pars je viendrai vous chercher. — Et moi, ma Mère, lui dit alors Mère Clémentine. — Oh! vous, mon enfant, je vous laisserai pour souffrir. » Son œil prophétique entrevoyait déjà la réunion souhaitée par Sœur Saint-Louis, et les tristesses de la sécularisation, réservées au cœur maternel de la bonne Mère Clémentine, Supérieure générale de la Congrégation, à l'heure des décrets de persécution contre les communautés religieuses.

L'année 1866 s'ouvrait à peine; Mère Louise ne quittait plus sa chambre. Le samedi, 6 janvier, elle ne se leva pas comme d'ordinaire; à quatre heures, pendant que maîtresses et élèves se réunissaient selon la coutume pour le chant des litanies de la Sainte Vierge, Mère Angèle entre dans la chambre de la malade, qu'elle trouve haletante, les traits décomposés. On s'empresse autour d'elle ; M. l'abbé Moissinac lui administre à la hâte l'Extrême-Onction et lui applique la suprême indulgence. Quelques minutes plus tard, la petite-nièce de Mère des Anges, la continuatrice de son œuvre, était allée rejoindre au ciel celle à qui elle avait si dignement succédé ici-bas.

La douleur fut immense dans toutes les maisons de l'Institut lorsqu'on y apprit la fatale nouvelle, et le souvenir de Mère Louise vivra toujours dans la Congrégation qui la considère, à juste titre, comme sa seconde fondatrice et lui garde sa meilleure reconnaissance.

Selon les vœux ardents de la Révérende Mère Louise, la Communauté, grâce à la maternelle mais prudente économie de Mère Sainte-Croix, commença à se relever peu à peu de l'état de gêne dans lequel l'avaient placée les dépenses extraordinaires qu'il avait fallu accepter pour la construction de la magnifique chapelle de la maison généralice. En dehors de la profonde humilité qui brillait dans la nouvelle Supérieure générale, elle possédait à un haut degré les qualités pratiques nécessaires à une sage administration.

La Congrégation continuait, du reste, à s'étendre et de nouvelles maisons étaient fondées en 1867 à Marmanhac et à Saint-Illide (Cantal), à Saint-André-du-Bois et à St-Pierre de Bath (Gironde). Un prêtre zélé et intelligent du diocèse de Cahors (Lot), M. l'abbé Barbance, avait institué une sorte de Congrégation religieuse dans la petite paroisse de Rudelle dont il était curé. Il lui avait donné des règles, un costume particulier, et les pieuses filles qui composaient cette Association marchaient d'un pas ferme dans la pratique des plus austères vertus; mais la vie manquait à cette modeste famille religieuse, privée des éléments nécessaires pour se développer. M. Barbance cherchait une Congrégation qui voulût bien se charger de son œuvre et adopter les personnes qui la composaient. Il en écrivit à la Supérieure générale des Religieuses du Saint-Enfant-Jésus qui, après un voyage à Rudelle, frappée de la bonne volonté des sœurs et des avantages d'une fondation en pleine campagne, accepta l'affiliation proposée.

Mère Saint-Vincent et Mère Marie-Arsène furent envoyées à Rudelle, la première comme Supérieure, la seconde pour diriger les classes. Il ne fut pas difficile de faire pénétrer dans l'humble Couvent de Rudelle l'esprit propre de l'Institut : les âmes y étaient si droites et avaient un si grand désir de procurer la gloire de Dieu. Aujourd'hui encore on aime à rappeler parmi nous le souvenir de ces chères anciennes qui savaient joindre à tant d'esprit religieux une si franche et si aimable bonté.

Saint-Maurice, bourg peu éloigné de Rudelle, reçut aussi des Sœurs, pendant que Mère Marie de Jésus organisait non loin de Rodez, la délicieuse maison de Cougousse. Cet établissement avait le double but de procurer une éducation chrétienne aux enfants de la région et d'offrir aux Sœurs de Rodez une demeure agréable pour y prendre, pendant les vacances, quelques jours d'un repos bien mérité. Qui ne se souvient, parmi les anciennes religieuses de la Providence, des heures charmantes passées sur les bords fleuris du Créneau? Combien de fois, au cercle de famille, dans les soirées d'hiver, chacune a pris plaisir à entendre raconter et les surprises préparées par M. de Séguret et les visites aux cascades de Salles-la-Source, et ces mille petites excursions qui rendent si joyeuse la douce intimité champêtre.

Aurillac eut bientôt lui aussi sa maison de campagne. Mère Louise lui avait déjà préparé la charmante oasis de l'Ermitage, aux portes d'Aurillac ; Mère Ma-

deleine crut lui assurer, à Vézac, son Cougousse de
choix. Sainte-Eulalie et Marcolès s'organisèrent aussi
et, quand venaient les vacances, avec quelle joie l'es-
saim rieur du noviciat s'enfuyait pour quelques jours
vers ces hospitalières demeures, où le grand air re-
trempait les forces et ranimait la gaieté. Heureux
jours à jamais disparus avec les lois néfastes, puis-
siez-vous revenir encore pour la famille exilée.

La guerre de 1870 avait éclaté avec ses heures d'é-
preuves, aggravées encore par les horreurs de la Commune qui troublaient Paris et la province. Le Chapitre général de la Congrégation dut être, de ce fait,
retardé d'un an, jusqu'en septembre 1871. Il fut unanime à reconnaître la prudente et heureuse administration de Mère Sainte-Croix; mais le terme de son
généralat étant expiré, elle fut nommée Supérieure à
La Rochefoucauld, tandis que Mère Xavier la rem-
plaçait à Aurillac dans la première charge de l'Institut.

Successivement maîtresse des novices, Supérieure à
Rodez, maîtresse générale au Pensionnat d'Aurillac,
assistante de la Supérieure générale, Mère Xavier était
prête à remplir la tâche qu'on lui imposait; sa connaissance des affaires, sa belle intelligence, sa rare et
aimable vertu la désignaient naturellement pour cet
emploi difficile.

Mère Xavier était alors âgée de cinquante-huit ans.
Son grand air, la dignité empreinte sur toute sa personne inspiraient dès l'abord plus de respect que d'a-
bandon; mais sous ces abords un peu froids, elle ca-
chait une âme éminemment sensible et délicate; aussi,
ne pouvait-on l'approcher sans être attiré vers elle;
la bienveillance et la facilité de ses relations gagnaient
tous les cœurs. Aucune Supérieure, peut-être, n'a eu
moins à souffrir de ses subordonnées que Mère Xavier, pendant les douze années où elle a gouverné la
Congrégation.

Si la croix n'atteignit que faiblement la Supérieure générale dans sa douce et religieuse autorité, cette bonne Mère était trop agréable à Dieu pour ne point avoir part au calice d'amertume dont le divin Maître favorise ici-bas ses âmes de prédilection. L'épreuve et la maladie ne lui furent point épargnées et, comme les âmes généreuses elle en profita pour aimer doublement et s'immoler sans réserve.

Mais n'anticipons pas : au moment où la Congrégation lui confia le soin de la gouverner, la digne Mère était encore dans toute la vigueur de sa robuste constitution.

A l'intérieur de la Maison, l'impulsion vers le bien et le beau qu'elle avait tant contribué à donner à l'Institut ne fit que s'accroître.

A l'extérieur, les fondations se continuent. En 1873, Gornac (Gironde) et Saint-Christophe, dans l'arrondissement de Mauriac, reçurent des religieuses, aussi bien que Gréalou (Lot) et Courcôme (Charente).

En 1877, Mère Xavier inaugura sa réélection comme Supérieure générale par l'établissement de trois nouvelles maisons : celle de Lunan, dans le Lot, de Grisolles, dans le Tarn-et-Garonne, et de Gretz (Seine-et-Marne). Cette résidence beaucoup trop éloignée du centre de l'œuvre ne put rester ouverte que peu de temps.

Ici vient se placer naturellement dans l'ordre des dates, le départ pour le ciel d'une de nos Mères les plus vénérées. La sainte Mère Euphrasie quittait ce monde le 7 août 1880 après avoir donné à sa Communauté, et surtout à sa jeune famille du noviciat, l'exemple de toutes les vertus religieuses pratiquées à un haut degré de perfection.

Une de ses chères novices, Mère Marie-Théodore, a recueilli dans des pages pleines de charme et de pieuse édification, de précieux souvenirs sur cette bonne Mère.

« Dieu fit naître Mère Euphrasie, dans le monde Virginie Millaud, sur le sol montagneux de l'Auvergne, et elle aimait à rappeler plus tard, pour donner raison à son énergie parfois un peu raide, qu'elle était montagnarde. Sa constitution, au moral et au physique, était vigoureuse et robuste; la force de la première devait augmenter dans la suite de tout ce que le travail et la souffrance enlevaient successivement à la seconde.

» Elle était la plus jeune d'une nombreuse famille. A l'âge de quatre ans, elle perdit sa mère et, pour soulager sa sœur aînée qui allait devenir maîtresse de maison, une tante de Mère Euphrasie se chargea de l'élever. Ce fut pour elle une école de vie sérieuse et active. A un âge où beaucoup d'enfants ne savent pas encore ce que c'est que le travail, elle tricotait une partie des bas de ses frères et avait tous les jours une grosse tâche à remplir avant de prendre son repas. Elle apprécia grandement dans la suite le service qui lui avait été alors rendu, et lorsqu'on admirait le nombre et la perfection des ouvrages qui sortaient de ses mains, elle aimait à en rapporter la gloire à cette première institutrice qui l'avait si bien formée au travail.

» Dieu, pour préparer cette âme à le servir et à l'aimer, eut recours d'abord à l'intermédiaire des hommes. Il l'entourait de sérieux, de silence, d'austère labeur; et, dans cette atmosphère favorable aux grandes vertus, il l'appelait déjà par des aspirations intimes, encore un peu vagues, mais déjà aimées, par les voix de la nature dont l'esprit observateur et pénétrant de Mère Euphrasie saisit toujours les mystères et les beautés. Lorsque, à de rares intervalles, elle entendait parler de Dieu et de la vie spirituelle, c'était pour elle une intime jouissance. Elle conserva toute sa vie une grande reconnaissance pour un prêtre, parent et ami de sa famille, qui lui avait appris à faire l'examen de

sa conscience, le soir, avant de s'endormir. Il me fit
comprendre, racontait-elle, l'importance des actes dont
se compose cet exercice et me fit promettre de ne jamais m'en dispenser. Puis, il m'apprit à élever mon
cœur par de courtes prières, pleines d'élan. Une surtout, lui était familière, et je pris dès lors l'habitude
de la répéter souvent : c'était celle-ci : « Mon Dieu
qui vous abaissez jusqu'à moi, agrandissez-moi jusqu'à vous. »

» Que de fois les novices de Mère Euphrasie lui ont
entendu commenter avec des paroles brûlantes ces
simples mots, que Dieu rendait pour elle chaque jour
plus lumineux et plus pratiques.

» Mère Euphrasie quitta sa tante pour entrer comme
pensionnaire au Couvent de Notre-Dame de Salers.
Elle y resta peu de temps et elle en sortit sans y être
acclimatée. Il en fut tout autrement pour notre maison
d'Aurillac, où elle se rendit en quittant Salers, avec
l'intention de s'y préparer à obtenir le brevet. Dieu la
voulait là; elle y fut tout de suite à l'aise, avant même
de se douter qu'elle allait y fixer sa vie et s'écrier avec
le Roi-Prophète : « C'est ici le lieu de mon repos, j'y
demeurerai parce que je l'ai choisi. »

» Une chose distingua bien vite Mère Euphrasie de ses
compagnes; c'était le désir, rarement aussi prononcé à
cet âge, d'avancer dans la vertu. Déjà elle visait au
solide, et pour s'aider à devenir humble elle s'astrei-
gnit bientôt à noter tous les jours les actes d'amour-
propre qui lui échappaient. Elle en portait le détail à
sa maîtresse qui l'encourageait dans son généreux
combat et lui indiquait le moyen de réparer ses fautes, lui imposant au besoin pour cela quelque pénitence.

» Au moment où, le but de ses études étant atteint,
Mère Euphrasie allait quitter sa vie de pensionnaire,
elle hésita un instant devant les différentes voies qui
s'offraient à elle. Un religieux, aussi pieux que sa-

vant, le R. P. Gury, se trouva là pour trancher la question. Il assura à la jeune fille que Dieu la voulait religieuse du Saint-Enfant-Jésus; elle obéit avec bonheur et entra aussitôt au noviciat. Elle sacrifiait généreusement les joies de la vie de famille dont Dieu avait sevré ses premières années et dont elle aurait pu commencer à jouir. C'était le premier pas dans cette voie austère du renoncement qu'elle allait si généreusement parcourir et comme le premier anneau de cette longue chaîne de sacrifices par lesquels elle n'a pas cru acheter trop cher la perfection religieuse dont Dieu lui avait donné le désir en lui en découvrant tout le prix.

» Ressembler le plus possible à N.-S. Jésus-Christ fut, dès le commencement de son noviciat, la pensée dominante de Mère Euphrasie. Tout son programme de sainteté pourrait se résumer en ces mots qui précisent aussi le seul but de ses efforts et sa constante étude. Avec un tel modèle et de semblables dispositions, la jeune novice fit dans la vertu de nombreux et rapides progrès. Elle se préparait ainsi à l'apostolat auquel elle allait consacrer toute sa vie. Quatre ans après sa profession, Sœur Euphrasie était envoyée à Rodez, au moment de l'affiliation de la Providence à l'Institut du Saint-Enfant-Jésus. Elle s'attacha beaucoup à cette maison où Dieu la fit fructueusement travailler à sa gloire, et où elle commença à user pour lui une santé que ce premier travail trop rigoureusement embrassé ruinait pour toujours. Comme l'écrivait à sa mort son saint directeur le R. P. Bouissou, elle avait compris que la vie religieuse est une guerre sans trêve ni repos, déclarée à la sensualité, à la vanité, à l'orgueil, à l'amour de soi-même dans toutes ses ramifications. Elle comprit ce combat, elle l'aima, elle l'embrassa avec cette ardeur qui faisait le fond de son caractère. Une fois commencé, le combat continua sans jamais s'interrompre, sans jamais se ralentir jusqu'à la fin de sa vie. »

Les Supérieures de Mère Euphrasie la rappelèrent à Aurillac en 1863 pour lui donner la charge de maîtresse des novices. Ce fut dans l'exercice de ces délicates fonctions que ses précieuses qualités se révélèrent et se perfectionnèrent, chaque jour davantage.

Trois vertus ont surtout brillé en notre vénérée Mère : l'humilité, la bonté et l'abandon à Dieu. Cette dernière devint plus saillante vers la fin de sa vie; son emploi lui fournit l'occasion de pratiquer héroïquement les deux autres. Elle était auprès de nous — disent les Souvenirs, — pour le seul amour de Jésus auquel elle voulait gagner nos âmes, mère, maîtresse et servante.

En octobre 1878, Mère Euphrasie quittait son cher noviciat. Sa santé ne lui permettait plus aucun travail. Elle passa ainsi à l'infirmerie deux années sanctifiées par les plus cruelles souffrances et l'abandon le plus filial à la volonté de Dieu. Dans la matinée du 7 août 1880, la bonne Mère s'éteignit doucement en murmurant cette parole qu'elle avait si souvent redite en sa vie : « Sainte Vierge, je vous aime. » C'était son mot favori. Son souvenir reste parmi nous entouré d'une sainte auréole; mais plus et mieux il produit encore chaque jour des fruits de vertu qui vont là-haut enrichir son éternelle couronne.

L'année 1880 s'était terminée emportant avec elle bien des tristesses. Pendant que la famille du Saint-Enfant-Jésus pleurait un de ses membres les plus chers, la franc-maçonnerie lançait ses premières attaques contre les communautés religieuses. Déjà l'on se demandait ce qu'il fallait attendre d'un avenir si gros de tempêtes.

Le 20 janvier 1881 éclatait soudain vers neuf heures du soir, à Aurillac, dans la rue Marcenague, un incendie qui prit tout de suite les plus effrayantes proportions. Un vent d'ouest assez fort dirigeait les flammes vers le Couvent; deux maisons le séparaient seules du terrible foyer. A trois heures du matin, l'une des deux maisons commençait à prendre feu. Alors, dans un élan de foi profonde, Mère Gonzague et plusieurs de nos Mères firent le vœu d'élever dans l'enclos un ex-voto à N.-D. du Sacré-Cœur, si la Sainte Vierge détournait le péril imminent qui nous menaçait. La prière était à peine terminée que le vent changeant de direction entraîna les flammes dans la rue. Bientôt on put se rendre maître du feu qui avait fait, hélas! six victimes dans un des bâtiments brûlés ; mais au Couvent personne n'avait eu de mal. Depuis cette époque, la belle statue en fonte de Notre-Dame du Sacré-Cœur protège la maison qu'elle a si bien gardée alors et dit à tous la filiale et immortelle reconnaissance de la Communauté du Saint-Enfant-Jésus.

Mère Xavier s'était à peine rendu compte de l'épouvante qui avait régné dans sa maison durant la nuit du 21 janvier. Déjà très gravement atteinte par la cruelle maladie qui devait bientôt l'enlever à sa famille religieuse, la vénérable Supérieure ne quittait guère sa chambre.

Dans de telles conjonctures, la Congrégation dut songer à élire une autre Supérieure. En septembre 1883, le Chapitre général s'étant réuni selon l'usage, les élections désignèrent notre Révérende Mère Clémentine en remplacement de Mère Xavier qui terminait à Aurillac son douloureux martyre. De ses lèvres ne tombaient que des paroles de soumission et d'abandon à la volonté de Dieu. Le 2 décembre elle reçut une fois encore les vœux de sa chère communauté, qui sentait que la fin était prochaine et ne pouvait dissimuler ses larmes. Enfin, dans la nuit du 3 mai 1886 la bien-aimée malade rendit à Dieu sa belle âme avec une si grande paix que Sœur Rose, la fidèle gardienne de ses longues et pénibles veilles, ne put apercevoir son dernier souffle.

Mère Xavier emportait de profonds et sincères regrets. Pendant longtemps elle avait été l'âme de cette Maison qui lui devait une partie de son éclat. Seul le souvenir des souffrances devenues son lot ici-bas, put adoucir la cruelle blessure que le départ d'une mère si tendrement aimée causait au cœur de ses enfants.

Les deuils cruels se succédèrent d'ailleurs sans interruption pendant cette laborieuse période ; après Mère Angèle, Mère Pélagie, puis Mère Sainte-Croix en septembre 1897. Ses dernières heures furent celles d'une prédestinée. Après avoir assisté à la messe et fait la sainte Communion, la vénérable Mère s'était sentie bien mal dans le courant de la journée. Le lendemain, elle recevait avec joie le saint Viatique, l'Extrême-Onction et l'indulgence de la bonne mort. Alors comme Jacob mourant, elle leva la main sur sa famille religieuse pour la bénir, lui demander pardon, puis elle embrassa chacune de ses Sœurs. La tâche était finie. La nuit suivante, elle s'endormait dans le Seigneur.

La porte de l'humble cellule, devenue chambre mortuaire, dut être ouverte au public. Toute la ville avait réclamé la faveur de voir une fois encore celle qui l'avait tant édifiée pendant un demi-siècle. Les anciennes élèves allaient en foule s'agenouiller dans ce petit sanctuaire, elles apportaient leurs plus jeunes enfants pour les présenter à la chère sainte comme on l'appelait d'une voix unanime. Et les enfants suppliaient de les laisser encore près de la bonne Mère endormie. « Je prie pour vous, bonne petite Mère, je vous aime bien », murmurait à son chevet une fillette de trois ans. « Désormais, vous serez ma sainte Mère, lui disait une ancienne, je vous confie tous les miens. »

Il y avait là, devant cette froide dépouille, plus que le respect de la mort, il y avait un pieux hommage rendu spontanément à une mère vénérée. La cérémonie des funérailles fut un véritable triomphe. Toutes les classes de la société y étaient représentées. Mais autrement chère que ces honneurs terrestres, expression pourtant de la reconnaissance, doit être maintenant pour Mère Sainte-Croix la douce vision des actes de fidélité au devoir que son souvenir inspire, que ses pieux exemples et son crédit auprès de Dieu donnent la force d'accomplir.

CHAPITRE XIV.

Dernière visite du R. P. Gautrelet.

Les Fondations : Maurs, Angoulême.

L E mois de septembre 1884 ramena pour la dernière fois à Aurillac un ami bien cher, un père
vénéré que l'on ne devait plus y revoir. L'âge, les infirmités, un rude labeur avaient marqué leur pénible
empreinte sur les traits du R. Père Gautrelet si heureux de passer quarante-huit heures dans sa chère
maison d'Aurillac. Il avait voulu encore se retrouver
quelques instants au milieu de cette Communauté de
l'Enfant-Jésus qui lui devait, avec le précieux trésor
de la Règle, de si nombreux et de si saints encouragements. La dernière instruction qu'il donna à ses
filles développa cette pensée qui lui était familière :
« Que la volonté de Dieu soit toujours acceptée, aimée, accomplie parmi vous. » Ce fut le suprême conseil qu'il laissa en adieu à celles que tant de fois il
avait appelées ses enfants de prédilection, et qu'il allait continuer à protéger au ciel.

Que sa mémoire bénie demeure parmi nous avec
celle de nos vénérés fondateurs, car il a parachevé leur
œuvre en nous traçant, à l'école de saint Ignace, les
grandes lignes de la vie religieuse que nous voulons

mener sans défaillance, malgré tous les obstacles, à
la suite de nos saintes devancières.

Bien que l'horizon politique s'assombrît de plus en
plus, la Congrégation étendait encore çà et là quelques
nouveaux rameaux. En décembre 1884, la Révérende
Mère Clémentine fondait la maison de Mourens (Gironde), établissement transféré plus tard à Saint-Ger-
main, paroisse voisine de la première. Un an après,
les religieuses du Saint-Enfant-Jésus étaient deman-
dées à Maurs (Cantal).

Un prêtre vénérable, M. le chanoine Miquel, vicaire
à la paroisse de Saint-Philippe de Roule, à Paris, désirait rétablir dans sa ville natale l'asile gratuit qu'y
possédaient autrefois les Sœurs Blanches. Il offrait une
maison et des ressources à cet effet. M. Miquel pro-
posa son œuvre aux dames de Nevers qui déjà habi-
taient Maurs; elles ne purent l'accepter. Il s'adressa
alors à la Révérende Mère Clémentine qui ne se décida que sur le désir très formellement exprimé par
Mgr Baduel, évêque de Saint-Flour, de voir la Congrégation accéder à la demande de M. l'abbé Miquel.
Les choses furent bentôt réglées avec le généreux fondateur. Mère Marie de la Croix, une sœur de chœur et
une sœur converse vinrent d'abord seules occuper le
nouveau couvent. Quelque temps plus tard, les auto-
rités de la ville ayant interdit aux religieuses de l'hos-
pice de recevoir des élèves, un bon nombre d'enfants
se dirigèrent vers la fondation de M. l'abbé Miquel. Il
fallut agrandir la maison et envoyer un personnel
plus considérable. Cet établissement compta plus tard
avec l'école gratuite un externat et un pensionnat florissants.

En 1889, au lendemain du premier départ des religieuses du Saint-Enfant-Jésus pour l'Amérique, Mgr
Sebeaux, évêque d'Angoulême, sollicita avec instance
auprès de la Révérende Mère Clémentine, quelques
religieuses pour une fondation qu'il projetait dans sa

ville épiscopale. Malgré les difficultés de toutes sortes que rencontrait ce projet, il fut impossible d'opposer un refus à la demande du Prélat qui avait toujours été si bienveillant pour les maisons de l'Institut de son diocèse. Mère Saint-Charles, nommée Supérieure de cet Etablissement, partit avec trois sœurs de chœur et une sœur converse pour aller ouvrir les écoles gratuites de la paroisse Saint-Martial. La rentrée eut lieu le 18 novembre 1889 et, dès les premiers jours, cent quatre-vingt-quatorze enfants se pressaient vers les nouvelles classes qu'une Commission de vaillants et généreux chrétiens avait organisées au prix des plus grands sacrifices. Cette institution toujours prospère a procuré à de nombreuses générations d'enfants l'inestimable bienfait de l'éducation religieuse. Les classes gratuites se sont doublées par la suite d'un groupe d'élèves choisies, recevant l'instruction la plus complète et se recrutant dans la bonne bourgeoisie de la ville. Avec un inlassable dévouement Mère Saint-Charles s'est consacrée jusqu'à son dernier jour à cette chère maison qu'on pouvait appeler son œuvre, et auprès d'elle se sont maintenus les dévouements les plus actifs et les plus sûrs.

Voici en quels termes la *Revue religieuse* du diocèse d'Angoulême enregistrait le départ pour le ciel de cette vaillante ouvrière :

« Le jeudi 1er août, dans l'église Saint-Martial d'Angoulême, ont été célébrées les obsèques de Marie-Antoinette Roche, en religion Mère Saint-Charles, directrice de l'Ecole libre de l'Enfant-Jésus.

» Celle qu'accompagnait un regret unanime autant que respectueux, a tenu dans sa Communauté une place trop grande, elle a trop édifié sa paroisse et rendu à la cause de l'Enseignement libre trop de services pour que son souvenir ne soit pas porté à la connaissance des lecteurs de la *Semaine religieuse* et

pour que son exemple ne soit pas laissé à tous ceux
que préoccupe avant tout l'amour de Dieu.

» Née le 22 octobre 1845, après une enfance que
distinguèrent et l'application au travail et le goût de
la piété, Marie-Antoinette Roche entrait au Couvent
le 27 mai 1867, prenait l'habit le 4 octobre 1868, faisait profession le 21 octobre 1869, et enfin, ayant bien
compris que tout le bonheur de la vie est d'aimer
Dieu et de le servir, se liait définitivement à Lui par
ses grands vœux, en 1878.

» A Rudelle comme à Aurillac, à Rodez comme à
La Rochefoucauld, toujours elle se distingua et par la
vivacité de son intelligence, et par la finesse de son
bon sens, et par son application totale à remplir la
tâche qui lui était confiée. Comment en aurait-il été
autrement lorsque de façon si nette elle déclarait
n'avoir en vue que de remplir le programme qu'elle
s'était tracé dès la retraite qui précéda sa prise d'habit. « Je prends, écrivait-elle alors, pour point inva-
riable de ma conduite, ma conscience, mon Dieu, mon
devoir. » Et elle ajoutait cette belle pensée, qui doit
être celle de toutes les grandes âmes : « Mon devoir
est la condition de mon bonheur. »

» Elle reviendra sans cesse sur cette pensée du devoir, elle en fera le but de sa vie, avec la certitude
qu'en l'accomplissant, si austère et si cher qu'il
puisse être, elle atteindra toujours Dieu. « A partir
de ce jour, écrivait-elle le 15 novembre 1869, il n'y a
de bonheur, de jouissance, de repos nulle part pour
moi que dans la prière et dans le devoir rigoureusement accompli. » Et pour bien marquer qu'elle
voyait clair dans le problème du bonheur, elle ajoutait : « Si je suis fervente, je serai heureuse ; si je
suis lâche, je serai malheureuse ; voilà la bonne aven-
ture de ma vie. »

» Que de belles pensées dans ces notes de retraite,
et comme à chacune d'entre elles on retrouve facile-

ment l'élévation surnaturelle qui est le propre des vrais amis de Dieu. Il en est quelques-unes d'une forme lapidaire dont toutes les âmes religieuses et chrétiennes peuvent faire leur profit. Celles-ci, par exemple : « La jouissance du sacrifice doit être la seule jouissance. » « La douleur seule est féconde, et rien que la douleur. »

» Sans doute, d'autres l'ont dit comme elle, mais sans l'avoir comme elle vérifié, car il n'est pas exagéré de dire que sa vie physique comme sa vie religieuse ne furent qu'un long Calvaire et qu'elle sut, au sens absolu du mot, ce que c'est que prendre sa croix à la suite du Maître.

» C'est elle encore qui écrivait, avec une pointe d'antithèse qui souligne davantage la force de sa pensée : « Nos misérables satisfactions ne sont pas la satisfaction de Dieu. »

» Ce fut le 16 octobre 1889 qu'elle quitta Aurillac pour venir à Angoulême prendre la direction de cette Ecole de l'Enfant-Jésus, qui devait être la grande œuvre de sa vie et qui restera, même après sa mort, son œuvre à elle.

» Il convenait, au reste, qu'elle fût désignée pour ce ministère magnifique de la formation des enfants. Elle les aimait beaucoup, elle savait admirablement les instruire et dans les sciences profanes et dans l'amour de Dieu. Combien d'institutrices chrétiennes formées par elle ! Combien de mères vraiment dignes préparées par elle à faire régner au foyer toutes les vertus familiales ! Combien enfin d'épouses du Christ recrutées par ses conseils et par ses exemples ! Dans une seule année, parmi les élèves de sa classe, huit embrassèrent l'état religieux. Toute sa vie, elle eut le désir de conduire les autres à Dieu, persuadée qu'elle était d'avoir là le meilleur moyen d'y arriver elle-même.

» C'est d'une main sûre, ferme et bonne qu'elle

dirigea cette maison de la rue des Bezines, surmontant parfois de bien pénibles difficultés, mais se créant du côté de Dieu par son invincible confiance, du côté des hommes par sa haute sagesse, des concours qui lui permirent non seulement de vivre, mais de croître et de grandir, dans les plus heureuses conditions.

» Une vive douleur attendait cette âme d'élite ; en 1903, elle devait, sous la pression des lois scolaires, échanger son habit religieux auquel elle tenait tant pour l'habit de sécularisée auquel elle tenait si peu. Elle ne devait retrouver la cornette et la robe sainte que sur son lit funèbre, et tous ceux qui l'ont vue alors s'accordent à dire combien l'une et l'autre s'harmonisaient pour lui donner toute la majesté de la mort.

» Ses dernières années avaient été infiniment pénibles. Epreuves de la santé, épreuves de la famille, épreuves de l'Ecole, difficultés d'ordre général ou particulier, rien ne lui fut épargné. Elle devait, elle si pacifique et si bonne, trouver jusque dans la guerre une raison de souffrance et ce fut pour elle un coup terrible que la nouvelle de la mort de sa nièce, Sœur Saint-Bernard, décédée en Belgique occupée, après une lente et douloureuse agonie.

» Depuis longtemps, ses forces déclinaient. Depuis longtemps, elle n'était plus qu'un pauvre être en qui se résumaient toutes les souffrances. Elle vivait pourtant, et si pénible que fût sa démarche, si courte que fût sa respiration, on la voyait, appuyée au bras d'une de ses filles qu'elle aimait d'un amour de prédilection, s'acheminer vers Saint-Martial, à l'effet de puiser sa force et sa vie dans la communion à Jésus-Christ. Quand elle dut renoncer à cette suprême satisfaction, on peut affirmer qu'elle n'eut plus de bonheur. Elle continua d'édifier ses chères filles, ses enfants et ses amies par sa résignation, par son acceptation de la volonté divine, jusqu'au jour où sa tête se pencha pour ne plus se relever, où se fermèrent ses yeux pour ne plus se rouvrir. « Seigneur, appelez-moi », murmurait-elle dans ses derniers moments. Le Seigneur l'appela le 29 juillet 1918, fête de Sainte Marthe.

« Une seule chose est nécessaire, disait le Maître à Marthe. Marie a choisi la meilleure part et elle ne lui sera point ôtée ». Cette meilleure part, Mère Saint-Charles la choisit durant sa longue et douloureuse existence ; elle ne lui sera pas ôtée dans le temps... elle ne lui sera point ôtée dans l'éternité. »

Nous retrouverons toutes ces œuvres si intéressantes plus tard, quand viendra la page sombre de la persécution et de l'épreuve.

CHAPITRE XV.

Fondations en Amérique.

Un vaste champ allait bientôt s'ouvrir au zèle et au dévouement des religieuses du Saint-Enfant-Jésus. Ce n'était plus seulement en France qu'elles devaient procurer la gloire de leur divin Maître; l'Amérique les demandait à son tour, et leur faisait entrevoir, pour stimuler leur pieuse ardeur, cette immense région des pampas, où des colonies nouvelles se rendaient tous les jours avec l'espoir d'acquérir de faciles richesses. Dans ces terres, habitées depuis peu de temps, les prêtres étaient fort rares, les institutions chrétiennes pour élever la femme à peu près inconnues ; le besoin de ces précieux auxiliaires se faisait impérieusement sentir.

Parmi les colonies récemment installées dans la République Argentine, il s'en trouvait une en grande partie composée de familles aveyronnaises qui avaient émigré sous la conduite d'un prêtre de leur pays.

M. l'abbé Dommergue évangélisait depuis plusieurs années ses compatriotes désormais établis dans une des plus riches provinces argentines : le Curumaland; mais il voyait la population s'accroître rapidement, la moisson devenait de plus en plus grande et les ouvriers manquaient pour travailler le champ du Seigneur.

Le saint prêtre ne se découragea pas; il savait que la Providence avait confié cette immense province à un serviteur fidèle dont les convictions religieuses devaient assurer le bonheur du pays, comme sa belle fortune en garantissait le prospère avenir.

M. Casey était Irlandais d'origine. Sa réputation et ses talents lui avaient valu, dès son arrivée en Amérique, la direction d'une riche Société qui avait acheté à la République Argentine la partie des pampas comprise dans le Curumaland. Cette compagnie cédait maintenant à chaque colon la portion de terre que celui-ci désirait, moyennant une redevance annuelle qui, dans un temps déterminé, devait éteindre complètement la dette. Les colonies étant encore en formation, M. Casey se chargeait de fournir lui-même les éléments nécessaires à leur installation.

C'est à cet homme éminent que M. Dommergue alla exposer les besoins de ses ouailles; son espérance ne fut pas trompée : « Repartez pour la France, lui dit M. Casey, amenez-nous des prêtres pour vous aider dans le ministère; traitez avec une communauté religieuse qui se charge d'élever chrétiennement les enfants; je lui ferai bâtir ici des écoles, je lui donnerai l'édifice en propriété pour la somme qu'il lui plaira de fixer. »

Fort de ces promesses, M. Dommergue voulut soumettre son plan à l'archevêque de Buenos-Aires qui ne lui témoigna pas moins de bienveillance.

« Avec beaucoup de plaisir, lui écrivait-il, je vois que vous désirez faire venir une congrégation religieuse pour s'occuper de l'enseignement. Je vous félicite de votre pensée, et je vous offre toute l'autorité que j'exerce. Vous pouvez disposer de toute notre protection, et M. Edouard Casey mérite toute notre confiance.

» Il me reste seulement à bénir ce projet et à prier le Seigneur pour que vous puissiez le réaliser.

» S. Frédéric, Archev. de Buenos-Aires.

» Buenos-Aires, le 17 novembre 1887. »

Muni de ces deux puissantes recommandations, M. Dommergue quitta l'Amérique vers la fin de 1887 pour se rendre à Rodez. Il y fut accueilli avec bienveillance par Son Eminence le Cardinal Bourret, évêque de ce diocèse. Le digne prélat accorda aussitôt à l'humble missionnaire deux de ses prêtres qui venaient de recevoir l'ordination sacerdotale, et que le zèle des âmes portait à s'éloigner de la patrie. Il lui donna encore l'autorisation de s'adresser à telle de ses communautés religieuses que bon lui semblerait pour lui proposer cette lointaine fondation.

M. Dommergue avait une parente religieuse à la Maison de la Providence de Rodez; étant allé la voir, il lui fit part de ses projets. Mère Marie-Joséphine, dès les premières ouvertures, fut complètement gagnée à la cause. Elle voulut que le missionnaire parlât aussitôt à Mère Marie de Jésus, qu'il écrivît à la Supérieure générale. Elle-même se rendit à l'Evêché pour prier Mgr Bourret d'insister auprès de ses Supérieures afin qu'elles acceptassent cette importante entreprise. Il lui fut aisé de comprendre que Sa Grandeur serait favorable à ses desseins. Le 20 février 1888, M. Dommergue arrivait à Aurillac.

Ce ne fut pas sans une profonde émotion que les religieuses du Saint-Enfant-Jésus, réunies pour la récréation du soir dans la salle de communauté, virent entrer le curé de Pigué. Déjà la question d'une fondation en Amérique avait été agitée. Notre Révérende Mère Clémentine prenait des informations, réfléchissait, priait surtout; puis elle communiquait à ses filles ses espérances et ses appréhensions. Pour celles-ci, la perspective d'un grand bien à accomplir, le

bonheur de se dévouer à la gloire de Dieu et au développement de la Congrégation aplanissaient toutes les
difficultés et excitaient vivement leur courage. La
grande majorité se sentait prête à obéir au moindre
signal de départ; si des raisons majeures en atta-
chaient quelques autres aux rivages de la France, le
sacrifice de ces dernières était au moins égal à celui
de leurs sœurs.

C'est dans ces dispositions que M. Dommergue trouva
la Communauté. Il parla longtemps de la République
Argentine, vanta la salubrité de son climat, la ferti-
lité de son sol, les désirs des colons de toute nationa-
lité de posséder des institutrices religieuses; il insista
sur l'ignorance des enfants, sur les occupations multiples des parents, contraints de marchander leurs
soins à leur jeune famille. La description de Pigué,
centre principal de la colonie et paroisse de M. Dommergue, attira surtout l'attention générale. C'était
alors une ville de quatre mille habitants, parmi lesquels on comptait environ six cents Aveyronnais.

M. Dommergue quitta Aurillac avec l'espoir que sa
demande serait agréée. Bien que la Révérende Mère
n'eût pas donné sa parole définitive, elle laissait entrevoir qu'elle consentirait à envoyer des religieuses. En
effet, après une dernière entrevue avec Mgr l'Evêque
de Saint-Flour, et avec le Cardinal Bourret, la fondation d'Amérique fut complètement décidée et le départ fixé au 5 avril suivant.

Mère Marie Aloysia, nièce de la regrettée Mère Angèle, fut nommée Supérieure de la future colonie; Mère
Marie-Joséphine, Mère Saint-Vincent, Mère Marie-Eulalie et trois sœurs converses, Sœur Marthe, Sœur
Sébastienne et Sœur Anaïs étaient les heureuses élues
qui devaient aller faire connaître au Nouveau Monde
la Congrégation du Saint-Enfant-Jésus.

Une subite indisposition de M. Dommergue vint re-
tarder le départ jusqu'au 20 avril. Le 11 eurent lieu

les vœux perpétuels de Mère Saint-Vincent et la profession de Sœur Anaïs. M. Baduel, curé de Saint-Géraud, supérieur de la Congrégation, prononça à la fin de la cérémonie quelques mots pleins de cœur et de saints encouragements.

« Après avoir tout quitté au jour de la consécration à Dieu, il reste aux religieuses missionnaires à quitter cette maison si chère qui les reçut à leur entrée en religion, et la France, la patrie tant aimée; mais elles leur demeurent unies de cœur, de prière et surtout de dévouement. Qu'elles partent donc heureuses et fortes pour ces lointains rivages, et qu'elles aillent donner là-bas à leur nouvelle habitation l'humilité pour fondement; qu'elles l'élèvent sur la confiance et la consolident par la charité. »

Le 18 avril, la colonie partait d'Aurillac accompagnée de la Révérende Mère Clémentine. Elle fut reçue à Bordeaux au Couvent de la Doctrine chrétienne : « le seul hôtel où vous deviez descendre ici », écrivait la Supérieure de cet établissement à la Révérende Mère Clémentine; et depuis lors, à chaque nouveau départ pour l'Amérique, les religieuses du Saint-Enfant-Jésus ont trouvé dans cette maison l'accueil le plus fraternel. Au matin du 20 avril, un léger vapeur conduisait les voyageuses jusqu'à Pauillac et la Supérieure générale visitait le « Sénégal » où ses chères missionnaires allaient s'embarquer. M. Dommergue et les deux prêtres que Monseigneur de Rodez lui avait accordés, M. Gimalac et M. Desmazes, s'y trouvaient aussi pour prendre la mer. A ce moment solennel, Mère Marie-Aloysia se sentait remplie d'espoir : « Monsieur le Consul, écrivait-elle, est venu nous saluer à bord du vapeur; il a été d'une bienveilance extrême et a offert, pour l'avenir, ses meilleurs services à notre Mère. Nous voguons sous la protection visible de la Providence : tout s'enchaîne pour nous encourager, nous aider. »

Les adieux se firent sur le pont du « Sénégal », les cœurs étaient profondément émus; la compagne de voyage de Mère Clémentine écrivait quelques heures plus tard : « Je n'ai jamais passé une heure semblable; nos Sœurs voulaient nous accompagner du regard le plus longtemps possible; elles restaient sur le pont, et nous, de notre côté, nous demeurions aussi sur celui du vapeur qui devait nous ramener à Bordeaux; là, en face les unes des autres et séparées seulement par quelques mètres de distance, mais sans pouvoir nous réunir, il n'a plus été possible de contenir nos larmes et nos sanglots; nos Sœurs s'étaient montrées jusqu'alors si courageuses et si fortes! mais en ce moment, elles nous fendaient l'âme. »

Six jours après, Mère Marie-Aloysia prenait la plume pour retrouver ses chères absentes.

« 26 avril 1888, à bord du « Sénégal ».

» Ma bonne et Révérende Mère,

» Nous commençons à nous orienter un peu sur notre navire. Jusqu'à présent le mal de mer nous a à peu près tenues dans nos couchettes et tant pis pour qui en sort quand la mer est aussi mauvaise que nous l'avons eue depuis Bordeaux jusqu'aux îles Canaries. Hier soir, nous avons longé ces îles; elles nous paraissaient comme d'énormes rochers grisâtres, avec quelques maisonnettes blanches à leur pied. Il y a dans leurs parages jusqu'à six courants différents; ce n'est pas un danger, paraît-il, mais le roulis devient si fort que le mal de mer éprouve les pauvres passagers et les mauvais marins comme nous...

» Nous avons eu ce matin un grand bonheur. Ces messieurs ont pu célébrer la sainte messe; nous y avons toutes assisté. Ah! ma bonne Mère, comme nous avons pensé à notre bien-aimée Congrégation, à nos parents, à notre chère patrie, à nos amis. Huit jours sans recevoir le bon Dieu avaient été bien longs. La grosse mer n'avait permis à M. le Curé de dire la messe qu'une ou deux fois dans sa cabine; maintenant le capitaine a fait arranger une petite table où l'on pourra célébrer les saints Mystères. Le divin Maître, pour être avec nous, se contente d'un bien petit réduit : comme sa bonté nous encourage! Je ne puis vous dire, ma bonne Mère, tous les égards qu'on a pour nous ici. Ce qui nous manque pourtant, ce qui nous fait souffrir, c'est l'absence de toute pratique religieuse à bord; le signe de la croix que nous faisons à table et que l'on respecte parfaitement est le seul signe sensible que j'en ai vu encore. »

« 27 avril.

» Nous avons pu hier vivre réellement en communauté, remplir tous nos exercices de piété, les prolonger même au gré de chacune et avoir encore du temps de reste. Les jours sont longs à bord; le désœuvrement, la fatigue ne les raccourcissent pas; mais, dès qu'on reprend courage, qu'on est au courant des habitudes, on peut orienter sa petite vie religieuse et tout va mieux.

» Le « Sénégal » fend l'eau comme l'aigle fend l'air. J'ai entendu le capitaine dire à un de ses collègues qu'il n'avait jamais vu une aussi grande rapidité.

» Nous devons arriver à Dakar vers dix heures; là un grand nombre de passagers vont nous quitter et d'abord nos pauvres soldats. Les nègres, sur ce rivage, nous payeront, paraît-il, la comédie gratis. »

« Le dimanche suivant, continue le journal, nous eûmes deux messes auxquelles assistèrent un grand nombre de passagers. Nous nous étions réfugiées dans un petit coin, près du sabord qui se trouvait ouvert; une vague entra et nous fûmes inondées; il fallut quitter la place sans attendre la fin de la messe, car l'eau nous avait prises à la tête. La chaleur est accablante, ce qui a fait reparaître le mal de mer. Bien que l'océan soit calme, on ne respire ni le jour, ni la nuit; cependant nous sommes toutes très heureuses dans notre mission, et nous ne céderions notre place à personne: mais nous avons bien besoin de la grâce du Bon Dieu; vous la demanderez pour nous. »

Le 13 mai, le « Sénégal » jetait l'ancre devant l'île de Floris, lazaret de Montévidéo et Mère Marie-Aloysia reprenait le journal du voyage.

« Nous attendons ici que MM. les docteurs du lazaret veuillent bien permettre aux passagers de descendre. La mer est trop mauvaise, ces messieurs ne veulent pas venir; il faut que notre commissaire, son lieutenant et cinq rameurs se rendent à terre. Si vous voyiez leur petite barque soulevée par les flots, vous seriez effrayée; je le suis tant moi-même, que je quitte le pont pour m'entretenir plus particulièrement avec vous, ma Révérende Mère, et vous dire encore une fois, avant de poser le pied sur cette terre d'Amérique qui va devenir notre seconde patrie, combien la Communauté, encore à bord du « Sénégal », vous reste sincèrement attachée. Nos cœurs ne connaîtront jamais les distances; plus elles se multiplient, au contraire, plus sera profonde l'affection que nous avons vouée à notre chère Congrégation.

..... » Nous vous avons envoyé nos dernières nouvelles de Pernambouc. Ce port n'a rien de remarquable, sinon un épouvantable roulis. Le 5 mai, nous sommes arrivées en face de Bahia. Je ne puis vous décrire la beauté féerique de cette ville, la coquetterie de ses maisonnettes, la grandeur de ses monuments, la fraîcheur et l'abondance de sa verdure. Rien de plus beau à voir que le port de Bahia par une nuit sombre; on dirait que les étoiles sont descendues sur la terre...

..... » Après quatre jours de navigation nous étions à Rio-de-Janeiro. L'aspect du port est moins gracieux mais plus grandiose que celui de Bahia. Ici, c'est la nature qui a tout fait, c'est-à-dire le Bon Dieu et quand il travaille, on reconnaît la main du Maître.

» Le fraternel accueil des Sœurs de Charité et les beautés de Rio ne peuvent faire oublier à la colonie que ce n'est point là le terme de son voyage; aussi, il lui tarde que le vaisseau lève l'ancre et s'approche de Buenos-Aires. »

Le journal devient de plus en plus laconique; il se tait complètement vers la fin et c'est de Pigué, le 27 mai 1888 que Mère Marie-Aloysia reprend le récit interrompu :

« Nous voici depuis mardi, 22, arrivées au terme de notre voyage. Le jeudi, 17, nous avons dit adieu au « Sénégal » et quitté non sans regret nos amis du bord et ce navire qui avait vu avec nous les côtes de France... Nous arrivons enfin chez les bonnes sœurs de Charité qui nous attendaient depuis deux jours. Quelle réception, mon Dieu, quelle charité affectueuse et tendre. Après une courte visite au Saint-Sacrement, pendant laquelle nous nous sommes offertes au divin Maître pour être ses petites servantes dans notre nouvelle patrie, nous avons baisé cette terre à laquelle nous voulons donner tout notre dévouement. Dès le lendemain de notre arrivée, Monseigneur, que je n'avais pu voir encore, par suite de mon état de fatigue, nous envoya son vicaire général pour nous souhaiter la bienvenue et nous exprimer le regret de n'avoir pas su notre arrivée pour nous faire prendre au débarcadère: nous étions confuses de tant de bonté. Ce fut bien autre chose lors de notre visite!

» En même temps, M. Casey nous prévenait que le lendemain sa voiture viendrait nous chercher pour nous conduire chez doña Casey. Nous ne manquâmes pas de nous y rendre : une sœur de charité nous accompagnait, car Mme Casey ne parle pas le français. C'est une femme encore très jeune, d'un bel extérieur, de manières très douces et très gracieuses; elle a reçu nos cadeaux avec une grande bienveillance. Ses enfants sont charmants. Finalement, elle nous a prêté sa calèche pour aller à l'Archevêché. En route, nous nous arrêtons, chez les Révérends Pères Jésuites : parfaite réception, encouragements, félicitations. Nous arrivons enfin à l'Archevêché. Le Père le plus bienveillant et le plus tendre nous attendait pour nous bénir. Monseigneur voulut nous faire lui-même les honneurs de son palais et de sa cathédrale; celle-ci est fort remarquable. Après m'avoir assurée de sa paternelle protection et renouvelé l'expression de sa vive joie de notre arrivée dans son diocèse, Sa Grandeur nous remit deux cent cinquante francs qui nous étaient réservés et nous congédia.

» Impossible de continuer notre voyage avant le lundi suivant. M. Casey nous avait fait réserver un wagon-lit; nous nous y installâmes de notre mieux; nous parlions de tous ceux que nous aimons, là-bas, dans notre chère France; mais de fatigue, de souffrance, il n'était plus question; on n'y pense plus maintenant, nous sommes chez nous. »

« 31 mai.

» Nous avons reçu ce soir les premières lettres de France; quelle émotion en brisant ces enveloppes! nos larmes étaient abondantes mais douces! Que vous êtes bonnes, toutes, de nous procurer un tel bonheur. Ne nous plaignez pas; nous faisons l'œuvre de Dieu gaiement.

» Le pays serait monotone par lui-même, mais il y a bien autre chose pour nous intéresser. Les gens sont très bons et nous font largement part de ce qu'ils ont : poules, canards, poisson blé, etc. Nous sommes nourries et entretenues aux frais de M. Casey qui est on ne peut plus satisfait de notre arrivée. Il voudrait que nous fussions vingt. On nous fait un local provisoire qui sera prêt dans un mois; nous commencerons la classe seulement alors. En attendant, nous habitons une maison de bois toute neuve; les planches mal jointes servent de ventilateurs; il y a bien eu quelques pointes de rhumatismes, mais la chaleur du jour a tout dissipé; et, d'ailleurs, nous sommes venues chercher les privations et les sacrifices pour que nous puissions procurer la gloire de Dieu et le salut des âmes. Bref, nous nous trouvons à merveille, et je crois pouvoir vous dire que nous serons infiniment mieux plus tard. Les dix millions de M. Casey me le garantissent. Nous n'aurons rien à payer, il se charge de tout. »

Le journal continue ainsi, relatant les mille détails de la vie quotidienne ; la joie, la confiance, le courage se retrouvent partout. Le 12 juin, Mère Marie-Aloysia annonce que M. Casey a promis cent cinquante mille francs pour construire le futur couvent et dès lors on s'occupe de chercher un emplacement convenable.

Sur ces entrefaites, les classes s'ouvrent et Mère Marie-Eulalie s'écrie : « Qui serait plus en peine que moi, le serait trop. Ma classe est un mélange de Françaises, d'Espagnoles, d'Argentines, d'Anglaises; nous avons les enfants des meilleures familles, mais plusieurs ne comprennent pas un mot de français, et moi, pas un mot d'anglais : c'est vraiment la tour de Babel! Ces enfants sont fort dociles, je dirai même fort gentilles. Que je voudrais leur faire autant de bien que le Bon Dieu le demande. »

Cependant les affaires relatives à la construction de la maison n'avancent pas, l'administration et la Supérieure n'étant pas du même avis pour le choix de l'emplacement. Une visite de M. Casey suffit à les mettre d'accord : il conservait, à la vérité, l'emplacement proposé par ses employés, mais il en éloignait tous les inconvénients. Des murs très élevés défendaient le monastère des regards importuns; un pont bâti sur l'Arroyo abrégerait la distance et, par dessus tout, on devait donner six hectares de terrain, au lieu de trois qui avaient été promis.

A partir de ce moment, toutes les mesures furent prises pour que la construction commençât le plus vite possible et dans les meilleures conditions. Mais, comme le remarquaient judicieusement les chères exilées, en Amérique comme partout ailleurs, il n'y a point de consolations qui ne soient accompagnées de quelque souffrance. Au mois de septembre, la colonie de Pigué perdait deux de ses prêtres et ne gardait que le Père Desmazes pour l'évangéliser. M. Dommergue, à la suite de quelques difficultés avec les colons, se rendait à Buenos-Aires d'où il ne comptait plus repartir. Les religieuses le regrettèrent sincèrement. Ce bon prêtre avait été pour elles d'un dévouement sans mesure, auquel l'éloignement n'a apporté aucune diminution. M. Dommergue est resté le meilleur des Pères pour la famille américaine de l'Enfant-Jésus.

Quant au Père Gimalac, la vie religieuse l'attirait depuis longtemps et il se décidait à se rendre chez les Lazaristes pour y commencer son noviciat. Quelque temps après l'installation de M. Desmazes à la cure de Pigué, la première communion fut fixée au 8 décembre suivant. Les lettres de Mère Marie-Aloysia, en ce moment, sont rares et brèves. Elle donne tous ses soins, tout son temps à la préparation de ses chères enfants et elle s'écrie à la veille du beau jour : « N'aurions-nous fait que les préparer à ce grand acte, notre présence ici aurait eu déjà un immense résultat, et nous serions dédommagées de toutes nos peines; le bon Dieu nous accordera bien la grâce de produire encore d'autres fruits dans ces jeunes âmes; mais nous éprouvons une grande consolation à lui offrir les prémices de notre apostolat. »

Pendant l'année qui suivit, les travaux marchèrent bon train, tandis que M. Casey gagnait des millions dans une banque qu'il avait organisée à Montévidéo. Au commencement de 1890, la première maison du Saint-Enfant-Jésus dans la République Argentine était terminée. C'est une belle et vaste habitation placée dans une situation magnifique sous le rapport de l'air et de la salubrité. Au mois d'octobre la Compagnie de Curumaland, dont M. Casey était le chef, signait avec la Supérieure de Pigué l'acte de donation, par lequel le terrain où était bâti le monastère et toutes ses dépendances devenaient purement et simplement la propriété de la Congrégation. Dès lors, Mère Marie-Aloysia pensa sérieusement à répondre autant que possible aux diverses demandes de fondations qu'on lui adressait de tous côtés. La Plata, Bahia, Hinoyo faisaient les propositions les plus avantageuses pour obtenir que des religieuses fussent chargées de la direction de leurs collèges. Les chères Sœurs argentines redisent à cette époque dans leurs lettres leurs nombreuses et excellentes raisons de multiplier les maisons de l'Institut en Amérique et d'accepter, au moins, quelques-uns des postes offerts. La Maison Mère, de son côté, a la meilleure bonne volonté; mais c'est toujours la plainte de l'Evangile : la moisson est grande, il y a peu d'ouvriers.

Vers cette époque, les Révérends Pères Lazaristes étaient appelés à donner une mission à la paroisse de San José, dans la province d'Entre-Rios. Le Père Gimalac parla au zélé pasteur qui la dirigeait des Sœurs venues de France à Pigué, du bien qu'elles y faisaient aux enfants. Le digne curé de l'Entre-Rios écrivit aussitôt à Mère Marie-Aloysia pour lui demander trois religieuses pour ouvrir un collège. « De dix écoles que j'avais dans ma colonie, disait-il, le gouvernement vient d'en supprimer quatre; les autres restent mixtes!... Il y a ici tous les éléments voulus pour fonder un collège florissant; vous trouverez aussi probablement des vocations religieuses, et vous pourriez avoir ici un établissement important dans la suite. »

Le démon sembla s'acharner d'abord à renverser les projets de M. Béroard. Les plus grandes difficultés survinrent, tenaces, insurmontables ; un commencement de procès, des contradictions de toutes sortes furent les encouragements que reçut le vénérable prêtre dès qu'il voulut mettre la première main aux préparatifs de la fondation projetée. Mais M. le Curé de Saint-Joseph n'était pas homme à se laisser déconcerter facilement. Il trouvait dans la grandeur et la beauté de sa cause l'énergie suffisante pour combattre et l'assurance du succès. Il ne se trompait pas. Le 12 août 1891, Mère Marie-Aloysia pouvait écrire à la Révérende Mère Clémentine : « J'ai reçu un de ces jours une nouvelle lettre de M. Béroard me disant « que tous les obstacles étaient levés et qu'il attendait les sœurs le 1er mai ». J'ai répondu immédiatement pour le modérer un peu, mais il me semble que nous ne pouvons refuser cette fondation. Entre-Rios est la province la plus prospère de la République, et je crois que nous avons là des avantages assez certains. Ce n'est pas à moi à vous le dire, ma Révérende Mère; mais, on vous chasse en France, et on vous donne en Amérique, pouvez-vous nous y laisser seules? »

Cette fois, la prière de Mère Marie-Aloysia devait être exaucée. Au moment où elle traçait les lignes que nous venons de lire, des préparatifs se faisaient à Aurillac pour un prochain départ. Mère Saint-Rémy, Mère Marie-Athanase, Mère Éléonore, Sœur Elise avaient eu le bonheur d'être élues pour aller faire connaître et aimer Notre-Seigneur sur la terre étrangère et elles voyaient approcher avec une généreuse impatience le jour de la suprême séparation.

Comme la première fois, notre Révérende Mère Clémentine accompagna ses chères enfants jusqu'à Bordeaux et elle ne les quitta qu'au moment où elles montèrent dans le vapeur qui devait les conduire à bord du « Portugal ».

Tout en offrant de bon cœur son sacrifice à Dieu, Mère Marie-Athanase commençait à trouver, dès cette première journée, que les prémices n'en étaient pas fort doux : « Nous sommes enfin dans notre cabine, s'écrie-t-elle, mais ces lits sont plus durs que la niche de César; pendant dix-huit jours, il faudra donc lutter contre son grabat et se croire heureuse si on ne tombe pas durant la nuit. » Cette petite boutade est de courte durée, et les voyageuses annoncent bientôt qu'elles bravent courageusement et le terrible roulis et les vagues impétueuses : « Le roulis est continuel, dit au 9 mai le journal de la traversée; cependant nos cœurs restent fixement attachés là-bas où l'on prie pour nous, où l'on nous aime toujours. L'absence est dure, trop dure, si l'on regarde à ses pieds l'espace qui fuit et nous sépare de plus en plus; mais Dieu est là et si la distance est grande, il saura bien la remplir par la douce consolation de lui gagner des âmes et par l'immortelle affection qui nous unit à nos absentes bien-aimées. »

Le 26 mai, le voyage se termine à la satisfaction générale des passagers : « Nous allons donc quitter ce cher « Portugal », où les jours et les nuits ont compté des souffrances que Dieu seul peut connaître, s'exclame encore Mère Marie-Athanase. Séjour ambulant, va maintenant redire à nos absentes que notre cœur n'a pas fait un pas dans le pays de l'oubli et de l'indifférence. »

Le 27 elle ajoute : « Depuis hier, que de splendeurs ont passé devant nos yeux; d'abord le Rio de la Plata, beau et calme, nous a procuré une heureuse translation des reliques; en sortant du vapeur, il fallait sauter sur un escalier, ayant presque un demi-mètre d'eau entre lui et le bateau. Je tremblais de tous mes membres; grâce à un nègre et à un blanc, je me suis élancée lourdement sur le fameux escalier sans garde-fou. »

Comme pour les premières voyageuses arrivées à Buenos-Aires, la maison des Sœurs de Charité fut l'hôtel hospitalier qui reçut les chères exilées. Celles-ci sont charmées de la régularité, de la piété du Séminaire : « Je pars profondément édifiée de tout ce que j'ai vu, dit Mère Marie-Athanase. Encore quelques heures et nous retrouverons le Bon Dieu et les Sœurs de Pigué. Quel moment! Je ne puis retenir mes larmes. »

« Jeudi, 28.

» Nous y sommes enfin; mais Dieu y est aussi et la solitude est moins amère. Je ne vous dis pas ce que j'ai éprouvé en embrassant ma Supérieure, Mère Marie-Aloysia; aujourd'hui même elle a commencé à avoir pour moi toutes les délicatesses d'une Mère. Dieu en soit béni. »

Mais la réunion ne devait pas durer longtemps. M. Béroard pressait la Supérieure de Pigué de lui envoyer ses religieuses, et le départ pour San-José suivit de près l'arrivée des nouvelles Argentines. Il fut fixé au 7 juin. Mère Marie-Athanase, qui, désormais va initier par son journal à peu près quotidien, la Congrégation du Saint-Enfant-Jésus de France à tout ce qui concerne celle d'Amérique, raconte ainsi la séparation :

« Nos chères sœurs viennent de nous quitter. Mère Marie-Aloysia et Mère Saint-Vincent les ont accompagnées. Les enfants pleuraient beaucoup en quittant Mère Eulalie qui va fonder, sous la direction de Mère Saint-Rémy, la nouvelle colonie. Sœur Marthe les suit. Voilà la vie religieuse : se retrouver, se séparer; mais Dieu compte! Il faut deux jours pour aller d'ici à Saint-Joseph. L'Entre-Rios est situé sur la rive gauche de l'Uruguay et pas loin du Parana. Les deux fleuves se réunissent au sud de la province et forment le Rio de la Plata. »

« 6 juillet.

» Nos chères Sœurs de Saint-Joseph nous ont écrit; elles ne sont pas assez nombreuses et attendent Mère Marie-Aloysia avec une de nous qui, d'après l'obéissance, sera Mère Eléonore. M. Béroard écrit aussi et fait mille éloges de nos Sœurs qu'il trouve fort désintéressées. »

« 26 juillet.

» Mère Eléonore nous quitte aujourd'hui, Mère Marie Aloysia l'accompagne. Qu'il en coûte de se séparer en Amérique! Vous ne pouvez vous en faire une idée, mes chères sœurs d'Auvergne. L'esprit de famille est si bon loin de la patrie! Il faut une grâce spéciale pour ne pas succomber à la tristesse des adieux ! »

Heureusement Mère Marie-Athanase est un peu consolée par l'espérance d'avoir bientôt un piano à Pigué; l'harmonium est déjà arrivé et fait entendre de douces mélodies dans l'humble église argentine. O déception! Le piano arrive aussi; mais, hélas! trois fois hélas ! quel piano que celui-ci. « Ah ! sainte Cécile vous ne l'auriez pas enduré une heure près de vous. Volontiers pour l'inaugurer j'entonnerais les litanies de la Délivrance. Pardonnez-moi ce chant plaintif ; c'est une souffrance si cruelle que celle qui m'est procurée par un instrument sans cœur et sans âme, comme ce piano. Saint Joseph tient toujours ma requête d'un bon piano et d'un bon harmonium; lui qui, sans doute, n'avait pas des instruments de premier choix, à Nazareth, veut que je commence par souffrir un peu. Je l'offre de bon cœur pour obtenir que le bon Dieu soit toujours glorifié par la musique qui se fera soit à Aurillac, soit à Pigué. C'est donc avec résignation que je dis : *libera nos, Domine.* »

Mère Marie-Aloysia qui n'a point encore quitté San-José au commencement d'octobre fournit aussi d'intéressants détails sur le nouvel établissement : « M.

Béroard, dit-elle, s'occupe activement du plan de la maison; elle n'aura qu'un étage, parce que le mauvais temps demande ici une solidité exceptionnelle pour les constructions. La Communauté est à peine installée; il y a déjà cinquante-quatre enfants en classe ; beaucoup s'annoncent pour l'année prochaine. Nos Sœurs sont très appréciées, mais ici comme partout ailleurs Satan a ses suppôts qui ne veulent ni du Bon Dieu ni de ses serviteurs. La bénédiction de la première pierre de l'Etablissement est fixée au 4 novembre; on a insisté pour que je prolonge mon séjour jusqu'à cette époque, car trois jeunes filles me sont proposées pour le noviciat et j'ai dû rester pour voir si leur vocation offrait quelque sécurité. Plus que jamais je comprends la nécessité d'une maison à Buenos-Aires. Combien d'autres viendraient si ce n'était la grande distance et les campos de Pigué. »

A peine rentrée dans son Monastère, Mère Marie-Aloysia fait connaître à la Révérende Mère Clémentine l'heureuse issue de son voyage. Les deux chères postulantes, MMlles Marie Daymonnaz et Rose Vernay s'acclimatent parfaitement; leur arrivée a marqué une recrudescence dans la générosité et la ferveur pour tous les membres de la Communauté. « Voici enfin le beau jour pour notre œuvre d'Amérique, dit le journal du 11 octobre, Dieu nous a donné la joie d'embrasser deux nouvelles sœurs et de voir en elles les prémices des bénédictions de saint Joseph. Quel moment solennel pour notre bonne Mère Marie-Aloysia et pour chacune de nous. Puisse-t-il se renouveler bien souvent pour la gloire de Dieu et le bonheur des âmes. »

Ce noble vœu devait être exaucé. Au mois de mars 1892, Mère Marie-Aloysia annonçait qu'elle avait sept novices. Pendant que San-José peuplait ainsi le noviciat argentin, la construction de son Couvent avançait rapidement. Saint Joseph protégeait visiblement la maison placée sous son patronage et le 22 juillet, Mère

Saint-Rémy écrivait qu'on allait s'y fixer définitivement. « La partie déjà terminée est jolie et commode; tous les visiteurs admirent nos vastes salles bien éclairées. Le nombre des élèves augmente toujours; nous en avons actuellement cent douze dont vingt pensionnaires. » Et Mère Saint-Rémy après Mère Marie-Aloysia demande du monde, encore du monde, car il y a bien du travail.

Il est vrai que l'Amérique commence à fournir des ouvrières pour l'œuvre évangélique. La petite pépinière de Pigué s'augmente, et déjà l'on pense à donner l'habit religieux aux premières arrivées. Une lettre de Mère Marie-Aloysia, en date du 20 janvier 1893 annonçait cette joyeuse nouvelle : « Notre retraite commence le 3 février et se terminera par la cérémonie de prise d'habit le vendredi, 10 février. Sa Grandeur Monseigneur l'Archevêque de Buenos-Aires nous a écrit deux fois à ce sujet; le Révérend Père qui nous prêchera la retraite aura pleins pouvoirs pour tout ce qui nous sera nécessaire.

» Mère Saint-Rémy va m'envoyer encore trois postulantes avec les parents des novices qui viennent assister à la prise d'habit de leurs filles. Par la même occasion Amélie ira à San-José pour aider nos sœurs qui succombent sous la tâche, en attendant l'arrivée de ma chère Mère Marie-Ambroise et de sa compagne. Voici les noms que je vais donner aux nouvelles religieuses : Marie Daymonnaz s'appellera Sœur Marie-Xavier; Rose Vernay, Sœur Marie-Madeleine; Amélie, Sœur Saint-Joseph; Célestine, Sœur Marie-Philomène. »

L'heureux jour de la première fête de la Congrégation dans le Nouveau Monde arriva enfin. Mère Marie-Athanase a laissé reposer sa plume pendant les saints exercices; elle la reprend au soir du 10 février avec un enthousiasme qui fait honneur à sa charité fraternelle et à son amour pour l'Institut auquel elle a le bonheur d'appartenir.

« Un soleil splendide est venu illuminer ce jour de bonheur; on eût dit que tout voulait participer à la cérémonie. Dès quatre heures du matin, Mère Marie-Aloysia, Mère Saint-Vincent et moi avons fait notre méditation, pour pouvoir ensuite nous occuper de nos chères novices. Sans être mondain, leur costume était ravissant avec les longues robes blanches, les couronnes d'oranger et le beau voile de tulle illusion. Dans la grande salle se pressait une foule nombreuse en toilettes éblouissantes : sur la table reposaient les couronnes et les robes des futures religieuses.

» Les novices ont été conduites à la chapelle en récitant les litanies de la Sainte Vierge. Le cérémonial, notre cher cérémonial d'Aurillac a été suivi à la lettre. Après la bénédiction du saint habit, les novices se sont rendues à la salle de communauté et ont dépouillé les futilités mondaines avec une joie naïve qui dit bien la pureté de leurs âmes. Pendant ce temps nous chantions le *Laetatus sum* auquel je répondais par quelques échos de la patrie. Une émotion bien légitime nous a saisies à la rentrée de nos sœurs dans la chapelle; un souvenir ardent a été envoyé vers cette chère Maison Mère à laquelle Dieu accordait de nouvelles enfants, toutes disposées à travailler à sa gloire. Nous avons chanté le *Regnum mundi* à deux parties avec beaucoup d'entente. A l'Elévation j'ai paraphrasé : « Je viens à toi, Jésus, mon Dieu, mon roi, mon Père ». Ah! que n'avais-je notre orgue de là-bas; il aurait pleuré et chanté tout ensemble pour redire mes sentiments et ceux de toutes vos exilées.

» L'*Ecce quam bonum* et la bénédiction du Saint-Sacrement sont venus clore cette journée du ciel que nous verrons, je l'espère, se renouveler dans un an. En se retirant, plusieurs dames nous ont témoigné leur vive satisfaction. Une d'elles, qui est protestante,

serrait la main de Mère Saint-Vincent, en lui disant :
« Ah! Senora! que fiesta! la gusto mucho, mucho. »

Une ligne bien triste pour le cœur reconnaissant des
Sœurs du Saint-Enfant-Jésus suit, dans le journal, la
description de la touchante cérémonie :

« Le Révérend Père est venu nous voir dans la soi-
rée. Il nous a longuement parlé de M. Casey. Comme
vous le savez, sa banque de Montévidéo a échoué et
ce bienfaiteur insigne qui, il y a cinq ans, jouait avec
les millions, se voit réduit à l'état de commissionnaire
en marchandises diverses; mais sa grandeur d'âme est
à la hauteur de son infortune; plus que jamais, il est
digne de respect et d'admiration. »

Le bouleversement survenu dans les affaires de M.
Casey avait eu de graves conséquences pour la ville
naissante de Pigué. Le successeur du noble Irlandais
dans la direction de la Compagnie de Curumaland,
M. Kelsey, était aussi fort bien disposé à l'égard de la
population et des religieuses, mais le gouvernement
de la Plata refusait les secours indispensables encore
à cette cité en formation, et notamment les fonds nécessaires à la construction de l'église dont in avait un
besoin urgent. Découragé, M. Ratier se décidait à
quitter l'Amérique : le manque de secours religieux
allait être plus que jamais la grande privation des
Sœurs du Saint-Enfant-Jésus. Telles étaient les sombres préoccupations de Mère Marie-Aloysia lorsqu'elle
se rendit à Buenos-Aires, en mai 1893, pour y attendre Mère Marie-Ambroise et Sœur Saint-Jude, destinées à la colonie de San-José.

La bonne Supérieure formait le dessein de con-
vertir en église paroissiale la chapelle que les religieuses se proposaient de faire élever à côté de leur maison. On devait pour cela lui donner les proportions
voulues. Ce n'était pas une petite entreprise et Mère

Marie-Aloysia le sentait bien. Les ressources qui manquaient aux colons, elle ne les possédait pas davantage; mais le désir de glorifier Dieu et la volonté énergique de ne reculer devant aucun sacrifice peuvent opérer des prodiges. Le projet soumis à Sa Grandeur, Monseigneur l'Archevêque de Buenos-Aires obtint les encouragements les plus chaleureux. Madame Costa, la femme du gouverneur de la Plata, présenta la requête de Mère Marie-Aloysia au ministre des Cultes qui promit deux mille piastres. « C'est un commencement écrit l'humble solliciteuse. J'avais résolu de partir le lendemain. Monseigneur, à qui j'allai rendre compte de mes démarches, me donna une lettre de recommandation pour les familles les plus charitables et les plus opulentes de la ville. Ah! ma Révérende Mère, si ce n'est pas « de chaumière en chaumière », c'est bien de palais en palais que Mère Saint-Vincent et moi sommes allées quêter pour obtenir à nos sœurs et à nous le pain spirituel de chaque jour, que doit nous procurer une chapelle près de notre maison de Pigué. Partout nous avons été bien reçues; un éminent catholique nous a même encouragées à adresser une nouvelle pétition au gouvernement de Buenos-Aires. Il se charge de la remettre lui-même. »

La chapelle de Pigué est, depuis 1895, livrée à l'exercice du culte. Mgr l'Archevêque a bien voulu déléguer Mgr Espinosa, au mois de décembre 1895, pour en faire la bénédiction solennelle et donner ensuite une mission à la colonie. « La manifestation de foi de la ville de Pigué, en cette circonstance, écrit Mère Marie-Joséphine, a dépassé toutes nos espérances. Immédiatement après la cérémonie de la bénédiction, le 21 décembre, à sept heures du soir, les neuf religieux amenés par Monseigneur ont ouvert la Mission. La première Communion a eu lieu le 24 : trente de nos petites élèves faisaient partie de la cérémonie. Le 25, Monseigneur a dit les messes de minuit dans notre

chapelle et la grand'messe a été chantée par les missionnaires. L'église était comble, et en se retirant par
la plus belle des nuits, sous une lune radieuse, la foule
murmurait un peu dans toutes les langues : Oh! que
c'est beau! La Confirmation a été donnée tous les
jours, Monseigneur n'étant pas venu depuis huit ans.
Le résultat de la mission a été bien consolant. Il y a eu
trois baptêmes de grandes personnes. Une jeune femme de dix-sept ans a reçu le même jour les sacrements
de baptême, d'Eucharistie et de mariage. Deux protestants ont fait leur abjuration. Beaucoup de mariages
qui n'étaient que civils se sont célébrés à l'église. Puissent nos Missionnaires faire partout le même bien
qu'ils ont fait ici. »

La divine Providence n'avait pas tardé à montrer
combien le zèle de Mère Marie-Aloysia lui était agréable, en ménageant à la Congrégation du Saint-Enfant-
Jésus, à Buenos-Aires, deux nouvelles fondations des
plus intéressantes. Un mois s'était à peine écoulé depuis la grande résolution prise par la Supérieure de
Pigué lorsqu'elle reçut une lettre de M. Descamps, missionnaire du Sacré-Cœur, l'engageant vivement à se
charger d'une œuvre qui allait être créée à Buenos-
Aires. Il s'agissait d'un asile naval en faveur des fils
et des filles de marins, asile placé sous la direction et
le haut patronage des principales dames de la ville.
Il était facile de voir combien un semblable établisse·
ment, bénéficiant d'une telle protection, pouvait procurer de bien aux âmes et être utile en même temps
aux intérêts des deux maisons déjà fondées dans la
République Argentine. Monseigneur l'Archevêque consulté au sujet de cette fondation nouvelle avait répondu courrier par courrier à Mère Marie-Aloysia de
ne pas craindre d'accepter promptement ces enfants
dont l'Enfant-Jésus la chargeait.

Les réponses d'Aurillac ayant été favorables à l'œuvre, le 4 septembre 1893, Mère **Marie-Alysia** écrivait de Buenos-Aires : « La maison qui nous est offerte présentement pour l'asile naval possède un jardin anglais assez vaste, orné d'arbres d'agrément. Un grand potager planté de vigne et d'arbres fruitiers s'étend derrière la maison; celle-ci est assez grande et assez commode pour loger les vingt-quatre « asiliados » qu'on veut y recevoir. Il y aura une chapelle, avec la messe au moins tous les dimanches. La Commission se charge aussi de fournir constamment une personne pour surveiller les petits garçons la nuit, et un jardinier. »

Le mardi 5 octobre, Mère Marie-Aloysia quittait Buenos-Aires après avoir vu ses sœurs en possession de leur belle demeure. Bientôt Mère Saint-Vincent, première Supérieure du nouvel établissement, Mère Marie-Eulalie qui semble avoir pour méritoire et difficile tâche, en Amérique, de collaborer à toutes les fondations de l'Institut et Sœur Marie-Xavier étaient habituées dans leur nouvelle résidence; elles n'avaient eu que le temps de faire connaissance avec leurs chers petits enfants et déjà elles leur donnaient avec bonheur leur plus maternelle sollicitude.

Si les bonnes Sœurs étaient satisfaites de leur jeune famille et surtout des généreuses protectrices qui s'occupaient de l'œuvre, celles-ci, à leur tour, témoignaient hautement leur estime pour celles qui avaient bien voulu se charger de leur charitable fondation. Aussi, dans les premiers mois de l'année 1894, de nouvelles propositions furent présentées à Mère Marie-Aloysia. La Directrice du patronage de l'orphelinat français écrivait à Mère Clémentine en janvier 1894 :

« Madame la Supérieure,

» J'ai l'honneur de vous demander quatre religieuses pour l'administration interne de l'Orphelinat français à Buenos-Aires. Cette demande m'est suggérée par la bonne renommée que se sont déjà acquise vos religieuses, dans le pays, et j'ai obtenu, pour vous l'adresser, l'autorisation de la supérieure de l'Asile Naval.

» Notre orphelinat ne reçoit que des filles; il est absolument une œuvre française très populaire dans la colonie. Tous les Français concourent à son entretien avec le dévouement le plus complet. Jusqu'ici son personnel interne a été laïque. Dans un but d'amélioration, la Commission a décidé de confier à l'avenir cette administration à des religieuses.

» J'ose espérer, Madame la Supérieure, que vous ferez un accueil favorable à cette demande et qu'ainsi vous contribuerez pour une large part, à la prospérité d'une œuvre de charité toute patriotique.

» Veuillez agréer, etc...

La Secrétaire,   *La Présidente,*
   O. D'ESPOUY.   F. LAPHITZONDE. »

Mère Marie-Aloysia, Mère Saint-Vincent, Mère Eulalie joignaient leurs plus vives instances à celles des dames du Patronage pour obtenir l'assentiment de la Révérende Mère Clémentine en faveur de l'orphelinat français. La réponse se fit longtemps désirer. Les conditions étaient très avantageuses, en attendant l'établissement d'un Pensionnat à Buenos-Aires, où il y avait tant de bien à faire. D'autre part, la Supérieure générale ne voyait pas les moyens de fournir les sujets nécessaires à toutes ces entreprises. Cependant, elle donna un espoir, accueilli avec la plus profonde reconnaissance. La Société des Dames de la Providence se mit à l'œuvre immédiatement pour obtenir le voyage gratuit des Sœurs de France qui devaient prendre la direction de leur nouvel établissement.

Mais la chose ne put demeurer secrète; le personnel, chargé jusque-là de l'administration de l'orphelinat, apprit par les feuilles publiques que la Commission avait demandé et obtenu des religieuses qui dirigeraient désormais la Maison. Ce fut un coup de foudre pour ces employées. Immédiatement elles donnèrent leur démission et les Dames patronesses se virent pendant quelques jours sans personne pour s'occuper des orphelines.

Dans une telle situation, il ne convenait pas que nos chères Américaines laissassent en peine les dignes bienfaitrices sur lesquelles retombaient les ennuis de leur pieux dévouement, aussi ne comptèrent-elles pas avec le surcroît de travail. Mère Marie-Eulalie aidée d'une novice se rendit à l'Orphelinat en attendant la décision de la Supérieure générale.

Pendant ce temps, saint Joseph travaillait en France pour la maison qui l'avait pris pour protecteur. La Congrégation acceptait, après de longues réflexions, l'œuvre si patriotique de l'Orphelinat français à Buenos-Aires. Mère Sainte-Claire était nommée Supérieure de cette quatrième maison d'Amérique : son départ fut fixé au 5 octobre 1894; elle devait emmener avec elle sa nièce, Mère Anastasie et une très habile maîtresse d'ouvrage, Sœur Léontine.

Il n'est point facile de dépeindre la joyeuse émotion avec laquelle les chères Argentines apprirent l'heureuse issue de leurs filiales instances auprès des Mères Conseillères, de Notre Révérende Mère Clémentine et du Bon Dieu.

Quelques jours plus tard, la Supérieure de Pigué exprimait la joie qu'elle avait eue d'embrasser les nouvelles venues et de parler avec elles de leur chère France et de leur bien-aimée Congrégation. Elle ajoutait qu'elle profiterait de son séjour à la capitale pour y faire célébrer la profession religieuse des quatre premières novices dans la chapelle de l'Asile Naval. Cette douce fête était fixée au 13 novembre suivant et Sœur Saint-Joseph arrivait de l'Entre-Rios, le 5 novembre, pour accomplir son joyeux sacrifice. Le Révérend Père Laphitze, Supérieur des Pères du Sacré-

Cœur de Buenos-Aires, avait accepté de présider encore cette cérémonie, comme il avait présidé deux mois auparavant, la seconde prise d'habit à Pigué.

Ce fut sous ces heureux auspices que se termina l'année 1894. Celle qui lui a succédé apporta à la Fondatrice de Pigué et à toute la Congrégation avec une sainte consolation, celle de la bénédiction solennelle de la chapelle de la première colonie des religieuses du Saint-Enfant-Jésus en Amérique, le premier deuil qui soit venu attrister nos chères exilées. A San-José, le bon Maître vint cueillir pour les divins parterres une douce violette du noviciat argentin. Le seul regret de cette sainte enfant était de mourir avant d'avoir fait profession. M. Béroard sut consoler la pieuse novice en obtenant pour elle les dispenses qui lui permettaient de réaliser ses pieux désirs. Louise Micheloud prononçait les vœux de religion sur son lit de mort en juin 1895, et, sous le nom de Sœur Marie de la Croix, elle allait peu de jours après, prendre place dans la famille du Saint-Enfant-Jésus qui l'attendait au ciel où l'on ne connaît plus ni les distances, ni les séparations douloureuses.

CHAPITRE XVI.

Après les jours heureux de l'extension et de la prospérité du Saint-Enfant-Jésus, nous allons rencontrer la grande épreuve qui n'est pas seulement la page sombre de l'Institut, mais celle de tous les Ordres religieux en France à l'aube du vingtième siècle.

Forte de l'approbation donnée par Napoléon III à la Congrégation qu'elle dirigeait, la Supérieure générale envisageait la possibilité de maintenir les établissements florissants de France et de faire face à l'orage qui grondait déjà dans le lointain.

Madame Virginie Rhodes, en religion Mère Clémentine avait succédé en 1883 à Mère Xavier; réélue dans sa charge et très aimée de ses sœurs qui admiraient en elle un jugement droit, une grande loyauté de caractère et un esprit de foi remarquable, elle s'était vu continuer la lourde tâche de tenir tête aux difficultés quotidiennes, et d'assurer l'existence des membres de sa chère famille religieuse. Il faut avoir vécu ces heures douloureuses où arrivaient coup sur coup les plus désolantes nouvelles, pour comprender ce qu'a souffert celle qui dut gravir ce calvaire autant de fois que se renouvela l'épreuve de la dispersion et de l'exil; elle en demeura brisée à jamais.

Prévoyant les mauvais jours que 1903 devait multiplier pour l'Institut, Mère Clémentine avait songé à lui chercher à l'étranger un asile où se perpétuerait dans son intégrité la vie religieuse qu'il devenait impossible de continuer en France. L'épisode de la fondation des maisons de Belgique se rattache donc tout naturellement à la période de la fermeture successive des écoles et pensionnats de France, par application des décrets liberticides de 1903.

D'angoisse en angoisse, on était arrivé aux derniers jours de l'année scolaire 1903. Les vacances n'apportaient pas la joyeuse détente si bien connue dans nos maisons religieuses. Les cœurs étaient oppressés comme si un malheur imminent menaçait la chère maison, où de furtives larmes, qu'on cherchait à se dissimuler mutuellement, avaient remplacé la franche gaieté de jadis.

Soudain éclate comme un coup de foudre cette terrifiante nouvelle : la maison de La Rochefoucauld est fermée; fermées aussi celles d'Angoulême, de Villefagnan, de Courcôme. Et tandis que dans la rieuse Charente les sanglots éclatent de toutes parts à l'annonce d'une prochaine séparation, les âmes qu'épargne encore l'épreuve se disposent à accueillir les exilées, chassées de l'asile aux touchants souvenirs.

Ainsi s'ouvrirent les saints exercices de la retraite annuelle. Mais le 26 août au soir, dans le silence d'un saint recueillement, une triste nouvelle se propage dans la Communauté désolée; c'est le tour de la maison de Rodez. Et dès le lendemain, la Révérende Mère Clémentine envoyait une de ses filles porter à la famille en deuil ses consolations et sa sympathie la plus cordiale. Quel désarroi dans cette chère Providence! Quelle anxiété parmi les Anciennes en qui se réveille dans toute son ardeur l'amour de leur Couvent et la fidélité à l'œuvre de la si regrettée Mère Marie de Jésus.

L'une d'elles l'écrivait naguère encore dans le Rapport général de l'Association et ses lignes méritent de trouver place dans ces pages intimes. « En l'appelant à Lui le samedi, 3 janvier 1903, Dieu voulut épargner à Notre Mère bien-aimée le sacrifice de voir balayer par la tourmente les fleurs et les fruits de cinquante ans de labeurs; ses petites orphelines devenues sa famille de prédilection, ses enfants menacées dans leur foi et leur éducation chrétienne, sa chère communauté emportée par l'orage et obligée de choisir entre la laïcisation ou l'exil.

» Cette douleur, c'est nous qui l'avons eue, ce déchirement de la séparation, nous l'avons subi!... Si nos Mères ne sont plus là pour entendre nos regrets, leurs leçons n'ont pas été perdues, puisque, dès le jour de leur départ, il y a eu parmi nous des âmes dévouées qui ont voulu prendre leur place, pour rendre à leurs petites sœurs d'aujourd'hui un peu de l'esprit d'autrefois.

» L'inoubliable journée du 20 septembre, les adieux, la dispersion et la manifestation grandiose de protestation, de sympathies et de regrets dont Rodez fut témoin, ferment la première partie de notre histoire et ouvrent une phase nouvelle dans laquelle l'Association du Sacré-Cœur commence, pour ainsi dire, son rôle actif et social.

» Le moment est venu de ne plus se contenter d'une vie personnelle, mais de donner aux autres un peu de ce qu'on a reçu. Les Anciennes élèves de la Providence étaient trop à l'école de l'apostolat pour ne pas comprendre le devoir capital imposé par les circonstances.

» Le Conseil de leur Association se hâte de réunir les éléments d'une maison d'enseignement, constituée selon les formes de la légalité, pour faire face à l'orage. Notre dévouée Présidente signe un appel vibrant à la bonne volonté : « Pour Dieu, écrit-elle, jetons-nous dans la lutte afin de sauver quelques étincelles de christianisme dans les jeunes âmes de demain. Il ne s'agit pas d'une œuvre banale; n'a-t-elle pas pour nous un triple but : Religion, Patrie, Reconnaissance ? »

» La fondation de Mère Marie de Jésus ne pouvait périr et, dès l'aurore du 23 octobre s'ouvrit la Pension Jeanne-d'Arc. Nous voyons alors apparaître, sous la bannière de l'illustre Lorraine, de vraies héroïnes par l'abnégation et le dévouement : une petite armée d'élite ramasse les débris de l'œuvre qui allait sombrer.

» L'Institution Jeanne-d'Arc a eu ses douces pages et nos Mères disparues ou exilées y ont lu que c'est pour elles, en souvenir d'elles et grâce à elles que leurs enfants sont devenues apôtres.

» Qu'elles soient apôtres, c'était le souhait que Mère Marie de Jésus confiait à Notre-Seigneur l'année précédente, au soir de la fête des noces d'argent de notre Association. Elle avait été exaucée. »

Avec bonheur nous nous sommes attardés sur ces détails vécus parce que ces lignes résument éloquemment ce qui a été partout la page sombre mais pourtant consolante de cette période douloureuse. La Congrégation du Saint-Enfant-Jésus avait semé des trésors de tendresse surnaturelle; elle a recueilli alors, dans une mesure débordante, la reconnaissance et l'affectueux dévouement de ses enfants.

Que le merci du cœur aille redire à tous ceux qui lui sont venus en aide, parfois de si ingénieuse façon, que leur nom restera dans nos annales et que, chaque jour, une prière fervente demande pour eux à Jésus ses meilleures bénédictions.

Et tandis que se ferment une à une les chères maisons de France, un nouveau champ d'action se prépare en Belgique et se développe dans la République Argentine.

Dès l'année 1903, deux religieuses d'Aurillac furent

envoyées à Bruxelles pour y jeter les bases d'un établissement depuis longtemps projeté. Leurs démarches, parfois pénibles et laborieuses, mais souvent encouragées par des preuves certaines de la protection divine, aboutirent d'abord simplement à l'ouverture d'un asile d'enfants anormaux dans un immeuble de l'avenue Maurice, à Ixelles. C'est là que, près de la bonne Mère Stanislas, si courageuse dans son rôle de fondatrice, nos Mères d'Aurillac, Mère Gonzague, Mère Saint-Paul et tant d'autres, vinrent rejoindre la petite colonie du début, quand elles eurent à subir, en 1904, l'épreuve cruelle de la spoliation et de l'exil. Quelques mois plus tôt, la Congrégation du Saint-Enfant-Jésus avait fêté le centenaire de sa fondation et de Rome était venu le précieux encouragement de l'approbation de l'Institut, gage assuré d'un avenir riche encore de promesses et de célestes espérances.

Comme partout, d'ailleurs, la fermeture de cette maison florissante suscita les meilleurs dévouements et Mère Emmanuel, si aimée des maîtresses et des élèves, conserva la direction du Pensionnat. L'organisation d'une Association de Mères de famille et plus tard d'une Société civile assura le maintien du Pensionnat; cette Société eut la bonne fortune de pouvoir racheter les immeubles de la rue du Collège et surtout la chapelle où tant de saintes religieuses et de pieuses enfants avaient vécu ensemble de si douces heures de paix et de ferveur. Une humble maison de retraite fut seule laissée à celles des sœurs que leur grand âge ou leurs infirmités condamnaient au repos sur la terre de France.

Le dernier épisode de l'application des décrets fut en 1905 la fermeture de la maison de Decazeville (Aveyron). Maintenue quelques années, par la protection spéciale de la Compagnie des Forges et Usines, elle ne put échapper à l'arrêt de mort qui frappa alors les rares Communautés encore debout. Et ce sera toujours une grande douleur pour nos âmes de n'avoir pu conserver la chère maison bâtie onze ans plus tôt par Mère Ursule, et qui recevait jusqu'à quatre cents élèves. Une petite école ouverte à Fontvernhe s'abrite encore à l'ombre du clocher paroissial.

Tandis que se déroulaient en France ces tristes événements, la communauté de Belgique, trop à l'étroit dans sa première demeure, adjoignait au 83 du Boulevard militaire une belle maison, au 85, maison destinée à développer l'œuvre des dames pensionnaires qui lui convenait mieux que celle des anormaux. Les pauvres petits infirmes furent peu à peu rendus à leurs familles, très aisées pour la plupart, et Mère Marie de Loyola, avec autant d'intelligence que de dévouement, organisa la demeure que trop vite, hélas! elle devait quitter pour un monde meilleur.

Deux immeubles importants, avec spacieux jardins, ont été ainsi aménagés pour cette œuvre, très prospère aujourd'hui. Une jolie chapelle y assure le service religieux et les dames pensionnaires y sont de plus en plus nombreuses.

Avec elles sont venues les ressources qui permirent à la Révérende Mère Marie-Théodore, qui, en 1908, avait remplacé Mère Clémentine dans le Généralat de l'Institut, de jeter les bases d'une fondation importante à Boëndaël, dans un faubourg de Bruxelles, appelé à prendre un grand développement.

En pleine campagne, sur un plateau qui lui assure et l'air et le soleil, entourée de jardins et complétée par un parc des plus agréables, tout près du fameux bois de la Cambre, s'élève aujourd'hui une vaste habitation très complète, avec ses deux ailes parallèles, ses belles classes, sa gracieuse chapelle, le tout si bien aménagé, avec le confortable de ces pays du Nord. Dieu a béni la petite Communauté qui en 1903 n'osait espérer de l'étranger qu'un asile précaire pour les jours d'épreuve de la persécution.

En 1914, la déclaration de guerre trouva le Chapitre général réuni pour l'élection de la Supérieure générale.

Mère Marie-Théodore qui avait déjà tant fait pour l'Institut du Saint-Enfant-Jésus, fut réélue dans une charge que les circonstances rendaient si difficile et si importante. C'est cette grande âme qui devait être le ferme appui de ses sœurs, durant les jours terribles de l'occupation allemande. Par une protection spéciale du Sacré-Cœur, devenu le Roi de la demeure, l'Etablissement ne fut jamais occupé ni inquiété par l'envahisseur, bien que sa situation semblât le signaler à l'attention des Allemands qui eussent pu en faire un observatoire des plus intéressants. Il y eut, sans doute, des jours d'épreuve et le pain faillit manquer parfois: mais saint Joseph veillait sur ses enfants, lui, le grand pourvoyeur aux heures de détresse. L'arrivée de quatre-vingts orphelins et orphelines des pays envahis fut le moyen providentiel qui assura à la Communauté elle-même les ressources nécessaires pour suffire aux besoins de chaque jour.

Entretenus par un Comité actif et dévoué, ces chers petits étaient ravitaillés si abondamment toutes les semaines que leurs secondes mères furent, elles aussi, sans crainte pour l'avenir. Et quand, avec la guerre, finirent pour ces pauvres enfants les jours de la séparation et de l'exil, rapatriés en France, ils emportèrent le touchant souvenir des soins maternels dont ils avaient été entourés au Saint-Enfant-Jésus de Boëndaël. Depuis lors, des classes gratuites très nombreuses « la goutte de lait », la cantine scolaire procurent encore à nos sœurs l'occasion de se dévouer dans une très large mesure. Le Pensionnat se développe parallèlement à l'externat. Il a réuni des Anglaises et des jeunes filles de la société dont le bon esprit est la consolation de leurs maîtresses si dévouées. Un fervent noviciat permet de soutenir les œuvres et d'assurer le recrutement. La Province de Belgique, désormais constituée, devient de plus en plus prospère et les recrues lui arrivent de France comme de Belgique, tant est ravissante cette oasis où les cœurs se retrempent si aisément dans la ferveur religieuse et le calme d'une nature auguste et paisible. L'accueil le plus cordial y attend le visiteur et le touriste attirés par les admirables richesses de la capitale de la Belgique; et la chère maison du Boulevard militaire est heureuse aussi d'offrir l'hospitalité la plus large aux chères amies de France.

$$\sim\!\sim\!\sim\!\sim\!\sim\!\sim\!\sim\!\sim\!\sim\!\sim\!\sim\!\sim\!\sim\!\sim\!\sim$$

CHAPITRE XVII.

DÉVELOPPEMENT DE L'INSTITUT DANS LA RÉPUBLIQUE ARGENTINE ET AU CHILI.

Nous avons laissé les Sœurs d'Amérique tout à la joie de la bénédiction solennelle de la chapelle de Pigué, dans la première colonie fondée par l'Institut du Saint-Enfant-Jésus en Argentine. Les années se sont succédé pour elles avec des alternatives diverses, car il en est des familles religieuses comme des existences humaines où les jours de deuil suivent parfois les fêtes les plus joyeuses.

Depuis le premier départ, en 1880, le nombre des Etablissements ouverts dans l'Argentine atteint le chiffre de onze; traversant les Andes, la vaillante Congrégation s'est implantée à Lota, dans le Chili, et des fondations nouvelles ont dû être refusées faute de sujets. L'Amérique fournit pourtant déjà un sérieux contingent, puisque les religieuses argentines de la Province de Buenos-Aires dépassent la centaine.

L'année 1909 devait apporter à toutes une immense consolation par la première visite de la Supérieure générale. Presque au lendemain de son élection, la Révérende Mère Marie-Théodore s'embarquait le 17 décembre à Bordeaux. Durant la traversée deux lampes brûlèrent nuit et jour auprès du Tabernacle et chaque matin la communauté de Bruxelles chantait l'*Ave Maris stella* pour les voyageuses. Cependant la mer fut très mauvaise et notre bonne Mère eut beaucoup à souffrir; mais le sentiment du devoir à accomplir et le bien de ses enfants lui faisaient braver la fatigue avec une abnégation vraiment admirable. M. Lavergne, frère de Mère Joséphine d'Amérique, fut pour les voyageuses cet ami sûr dont le voisinage est si utile en pareille circonstance.

De Lisbonne d'abord, de Dakar ensuite furent envoyées des nouvelles rassurantes, bien que la traversée restât pénible pour tous. Le 8 janvier « l'Amazone » entrait en rade de Buenos-Aires et la Révérende Mère quittait sans regret le vaisseau sur lequel elle avait tant souffert. Bien doux fut le revoir, après une si longue absence; bien consolant aussi le premier contact avec les inconnues!

Pigué reçut d'abord la visite de la chère voyageuse qui constata avec bonheur les résultats satisfaisants obtenus par le dévouement inlassable des religieuses dans cette première maison de l'Institut en Amérique.

Fin janvier, retour à Buenos-Aires. Après la retraite prêchée au Collège par un Père du Sacré-Cœur de Bétharam, une émouvante cérémonie donnait à la Révérende Mère la consolation de recevoir les vœux temporaires ou perpétuels de plusieurs professes.

La visite des Etablissements se continue ensuite; en avril, la Révérende Mère se rend à Saint-Joseph, une des maisons les plus fertiles en vocations religieuses, puis à Saladillo, San-Justo, etc. C'est enfin le retour à Buenos-Aires et, le 10 mai, 1910, l'arrivée à Bordeaux, après une traversée meilleure que la première. Une religieuse argentine avait été la compagne de la Révérende Mère dans ce voyage et le séjour de deux ans qu'elle fit à Boëndaël fut pour elle des plus consolants.

Le 29 juillet 1914, le Chapitre général était encore réuni à Bruxelles pour procéder à de nouvelles élections. Il fallut se hâter car des bruits sinistres circulaient déjà et les avions ennemis survolèrent la ville pendant la journée du 3 août. A la satisfaction générale, la Révérende Mère Marie-Théodore était réélue et le lendemain la déclaration de guerre jetait dans la stupeur la Communauté tout entière. A la hâte, les religieuses françaises reprennent le chemin de leur malheureuse patrie, où elles n'arrivent qu'après plusieurs jours d'émouvantes péripéties. Les retardataires se virent enfermées à Bruxelles pendant l'occupation allemande et n'en sortirent que par l'entremise du roi d'Espagne. Elles durent aller s'embarquer en Hollande, faire escale en Angleterre, pour gagner ensuite Bordeaux, l'Auvergne ou l'Argentine.

En 1920, le Chapitre général déchargea la Révérende Mère Marie-Théodore d'un fardeau devenu trop lourd pour elle, dans l'état de santé où l'avait laissée la grande épreuve de 1914.

Malgré les tristesses de la guerre, les relations entre la France et l'Amérique n'avaient jamais été interrompues. Une seconde fois, en 1921, la nouvelle Supérieure générale vint porter à ses filles le réconfort de sa visite, de ses conseils, de ses encouragements les plus maternels. Le 5 janvier elle s'embarquait à Marseille avec Mère Saint-Rémy et Mère Marie-Félicia qui regagnaient leur poste de labeur.

« Nous voici enfin sur la terre argentine, écrit le 27 janvier la chère voyageuse. Le « Valdivia » est entré au port, hier à midi et demie; mais les formalités ont été longues à remplir. Inutile de vous dire la joie de nos sœurs, quand elles m'ont reçue à la porte de clôture du Collège; on ne parle pas, au premier moment; l'émotion est trop grande et des larmes silencieuses mouillent bien des yeux. Ma première visite a été pour Jésus. La chapelle est ravissante avec ses belles peintures. La maison est grande et commode. Mme Pradère qui a fait construire le nouvel orphelinat français veut qu'il soit ouvert cette année. Bien que cela entraîne des complications, impossible de refuser car nous en retirerons plus tard de sérieux avantages. »

C'est ensuite le récit des courses en ville, d'abord chez Mgr Espinoza, cet ami de la première heure, si dévoué à la Congrégation, ensuite chez Mgr Alberti, toujours si bon, si gracieux. C'est lui qui viendra présider le 12 février la cérémonie des cinq vêtures, quatre professions et quatre vœux perpétuels, cérémonie précédée de la bénédiction du nouvel autel. Et la Révérende Mère d'ajouter avec bonheur : « Je suis très contente de tout ce que je vois ici. Les Communautés de l'Argentine restent unies à celles d'Europe; la régularité est parfaite; les usages religieusement conservés. »

Le journal du voyage est daté ensuite de Lota, Colegio, Santa-Filoména.

« 25 février 1921.

» Nous voilà au Chili. Parties dimanche matin de Buenos-Aires à huit heures, nous arrivons à Mendoza, au pied des Andes, le lundi vers six heures du matin. Nous montons dans le transandin, où nous trouvons nos places numérotées; l'ascension commence aussitôt et dure jusqu'à trois heures après-midi. Les Andes argentines sont des masses rocheuses très escarpées et très arides; il y a de la neige sur les sommets. Nous sommes à 3.900 m. d'altitude; le ciel est d'un bleu que pas un nuage ne ternit. La délimitation entre l'Argentine et le Chili est marquée par un Christ monumental placé dans la montagne; c'est « le Christ des Andes ». Quelques minutes après, nous entrons dans un tunnel en zinc ondulé; c'est provisoire. Le passage dure six minutes environ. Le jour reparaît enfin, et nous commençons la descente du versant chilien. Les Andes chiliennes sont beaucoup plus jolies que les Andes argentines. Nous sommes

dans le massif de l'Aconcagua qui atteint six mille mètres de hauteur. La rivière Aconcagua commence là
en mince filet argenté qui s'élargit vite et grossit con-
sidérablement. Les filets d'eau descendent des sommets en cascades dans des lacs ou des rivières. Sur la
montagne voici de vrais champs de cactus et de jolies
fleurs rares : on dirait des orchidées; le train file trop
vite pour qu'on puisse s'en assurer.

» A 7 heures nous sommes à Los Andos ; c'est là que
finit le transandin. Nous descendons de wagon et
deux sœurs de Cluny viennent nous inviter à passer
la nuit chez elles. Mais l'express de Santiago part à
huit heures, c'est tentant; nous remercions et nous
nous installons dans notre train. Nous voilà parties;
nous marchons avec une rapidité vertigineuse, c'est
effrayant.

» A onze heures arrivée à Santiago; nous voulons attendre en gare le train de Conception; impossible d'en
obtenir l'autorisation et nous allons passer le reste de
la nuit à l'hôtel Colon. Le lendemain, la Providence
nous ménage le revoir avec Mère Marie-Camille, venue nous attendre, et descendue chez les bonnes Sœurs
de Cluny. Vraiment nous nous serions crues dans une
de nos maisons tant l'accueil est simple et fraternel.
Leur Supérieure, la Mère Olivier du Saint-Esprit, est
née à Rodez, mais n'y a pas été élevée. Après une
bonne nuit passée à Santiago, à sept heures nous prenons le train pour Conception, où nous arrivons à 6 h.
du soir. Le voyage ne nous avait pas paru long tant
nous avions causé avec Mère Marie-Camille isolée au
Chili depuis trois ans. Les petites Sœurs des Pauvres
nous reçurent avec la plus aimable cordialité.

» Le lendemain, départ pour Lota, après une visite
à Mgr l'Evêque de Conception. Le prélat se montre
très bienveillant et me demande des Sœurs pour
Santa-Anna. Je remercie, mais je refuse ; c'est une
fondation très éloignée dans les pampas; avantageuse

au point de vue matériel, elle est vraiment trop isolée. A Conception et à Santiago nous pouvons nous établir quand nous aurons du personnel; les relations seront alors plus faciles et nos Sœurs moins isolées. Quoique Sœurs de Cluny, petites Sœurs des Pauvres, Assomptionnistes, Enfant-Jésus ne fassent qu'une famille tant la charité les unit.

» A trois heures nous prenons la route de Lota où nous arrivons enfin à quatre heures. Le *Magnificat* nous accueille dans la chapelle dont le Père Joachim nous fait les honneurs par la bénédiction du Saint-Sacrement. La maison est son œuvre, il en est fier.

» Lota est dans un site ravissant, adossé de trois côtés aux montagnes; la mer forme le quatrième; la végétation paraît très riche. Nous sommes allées visiter le parc qui est merveilleux; on dit que c'est le plus beau du monde, au moins de l'Argentine. Il faut quarante ouvriers pour l'entretenir; les allées suivent les ondulations de la montagne et s'ouvrent sur la plage qui est très rocheuse. En la contournant, on arrive à l'entrée de la mine, car la mine elle-même est sous l'océan et s'étend jusqu'à six heures de marche. Les galeries sont creusées à deux cent cinquante et trois cents mètres de profondeur. Il y a un service de trains électriques à l'intérieur de la mine.

» Le peuple de Lota est foncièrement bon; malheureusement, il y a un an, des agitateurs sont venus du Nord semer leurs doctrines socialistes et organiser une grande grève. Alors l'église a été désertée, la haine du riche est entrée dans ces cœurs simples mais ignorants. Le Chili est un vrai pays de mission; si des postulantes se présentent avec des aptitudes pour cet apostolat, acceptez-les; il y a ici un vaste champ qui ne demande que des ouvrières.

» Les Chiliens sont intelligents; mais, isolés jusqu'à présent du reste du monde par leur situation géographique, ils étaient forcément arriérés. Etait-ce un mal?

Peu instruits de la religion, ils avaient gardé un grand fonds de foi pratique. Chaque année ces paysans perdus dans la montagne venaient s'enfermer hommes, femmes, enfants, chacun de leur côté dans des maisons de retraite pendant huit, dix jours pour refaire leur vie chrétienne; car dans ces immensités il y a très peu d'églises. Aujourd'hui, les jeunes ne vont plus à la retraite, ils vont à la Fédération. Hélas!

» Le Chili conserve encore des traditions et des habitudes des premiers siècles du christianisme; ainsi, il est défendu d'entrer à l'église avec un chapeau. Femmes, jeunes filles, enfants même ont un voile de tulle ou de soie légère qui tombe comme un chale jusqu'au bas de la robe. C'est très modeste et bien différent de nos mœurs françaises.

» Il faudra bientôt parler du départ. Nous comptons emmener une jeune postulante qui aide nos sœurs depuis deux ans; plusieurs autres commencent ici une petite préparation. Il faut éprouver les vocations avant de franchir les Andes. La maison de nos sœurs est très grande et très commode; la communauté indépendante, bien séparée des élèves. La nouvelle loi scolaire accorde vingt-cinq piastres chiliennes par an et par élève gratuite. Ce sera si bien qu'on ose à peine y croire. »

Le journal se ferme sur cette note d'espérance, pour se rouvrir le 25 mai 1921 à bord du « Mendoza », en route pour la France. Le retour se fait en bonne compagnie. Mme Cabanettes, amie et bienfaitrice de nos sœurs de Pigué, fut pour la Révérende Mère une voisine toute dévouée. « Il y a sept religieuses à bord ; quatre de l'Immaculée-Conception de Castres qui vont au Chapitre général; deux Italiennes de Sainte-Anne allant à Rome pour le même motif. Ces dernières viennent de la Bolivie et ont dû voyager trois jours à cheval pour arriver en Argentine. »

La traversée se poursuit monotone, mais assez

calme, égayée par les petits incidents du bord, tels que la loterie organisée au profit des orphelins de la mer et des aveugles de la guerre. « Cette loterie atteint le chiffre de 6.700 francs, avec les enchères des lots revendus. Quelques familles de millionnaires ont payé 705 francs une bouteille de wisky, 100 francs une bouteille de champagne et tout autant un flacon d'eau de Cologne. »

Le 14 juin les voyageuses débarquent à Marseille, bien heureuses de retrouver la patrie et les chers absents.

Depuis lors, les œuvres d'Amérique se sont développées et complétées de la façon la plus heureuse, signe évident de protection de Dieu sur l'Institut qui possède à l'heure actuelle, comme nous l'avons dit plus haut, onze établissements dans l'Argentine et un au Chili.

1° La Maison provinciale de Buenos-Aires s'est doublée d'un Collège qui réunit trois cents enfants de la bonne bourgeoisie. C'est un bel établissement au centre de la ville.

2° Le Noviciat, transféré il y a quatre ans à une heure de la Capitale, à Lourdes, dans le diocèse de la Plata. La ville tire son nom de la grotte qui y a été élevée à l'instar du célèbre pèlerinage français. Une magnifique basilique est en voie de construction.

Le Collège, attenant au Noviciat, compte déjà une centaine d'élèves bien qu'il soit de création récente.

3° L'Orphelinat français, la première des maisons fondées par le Comité de protection française, pour cent cinquante orphelines de douze à vingt-et-un ans. (L'Asile Naval pour les petits garçons n'a pas été conservé.)

4° Le Foyer Français vient de lui être annexé. A leur sortie de l'Orphelinat, il assure aux jeunes filles du travail et une maison de famille qui les met à l'abri des dangers de la grande ville.

5° Il y a quelques années, Madame Pradère fonda à Buenos-Aires un splendide établissement, dans un site merveilleux, pour recevoir les orphelines jusqu'à douze ans, où elles passent à l'Orphelinat français de Córdoba. Cette généreuse bienfaitrice a consacré à cette fondation une partie de son immense fortune. Cet Etablissement est des plus prospères à l'heure actuelle.

6° A ces œuvres, déjà anciennes, il faut joindre deux créations récentes du Comité français de Buenos-Aires : l'Asile des vieillards et l'Hôpital français. Ces deux maisons sont entièrement entretenues par le Comité si dévoué aux intérêts de la France. Dans cette luxueuse demeure les Sœurs du Saint-Enfant-Jésus se sont ménagé le moyen de sauvegarder leur vie religieuse. Elles sont très aimées de leurs bienfaiteurs qui ne reculent devant aucun sacrifice pour les soutenir.

7° Pigué, première fondation dans l'Argentine sera toujours à ce titre doublement chère aux membres de l'Institut. C'est d'ailleurs, un bel Etablissement entouré d'une propriété de 8 hectares. Une grotte de Lourdes a été construite récemment dans un vaste terrain montagneux, offert aussi à la Communauté par une généreuse bienfaitrice.

Le Pensionnat est florissant; mais, par suite de sa situation dans la campagne, il a été complété par un Externat au centre de la ville.

8° Lobos est la fondation la plus rapprochée de Buenos-Aires. Son Collège réunit environ cent cinquante enfants.

9° Saladillo est aussi une résidence des plus agréables et son Pensionnat rivalise avec celui de Lobos.

10° Saint-Joseph, dans la province Entre-Rios a toujours été une des maisons les plus intéressantes de l'Institut par les nombreuses vocations que ce pays si catholique lui a fournies. C'est là que se trouve l'école de recrutement de la Province d'Amérique.

11° San-Justo, diocèse de Santa-Fé, a une école florissante.

12° Lota est le premier Etablissement du Saint-Enfant-Jésus au Chili. Cette fondation offre de grandes ressources et n'a contre elle que son éloignement du centre de Buenos-Aires. Pour cette cause, il avait été question de la supprimer l'année dernière, faute de personnel.

Dans un superbe élan de générosité, six jeunes filles chiliennes se sont offertes à préparer leurs diplômes pour entrer ensuite dans l'Institut, afin que les religieuses, très aimées par elles, soient conservées à cette si intéressante population. Elles font actuellement leur noviciat à Buenos-Aires et tout fait espérer qu'elles seront d'excellentes religieuses. Tant il est vrai que la Providence a des voies bien diverses pour faire connaître ses volontés.

La conclusion naturelle qui se dégage de cet intéressant chapitre, c'est bien le cri du Maître : « La moisson est grande, mais combien petit le nombre des ouvrières ». Sollicitées par de généreux bienfaiteurs, les religieuses du Saint-Enfant-Jésus, très populaires dans l'Argentine, verraient s'ouvrir devant elles un magnifique champ d'action si des recrues ferventes leur arrivaient d'Europe pour encadrer les jeunes troupes enrôlées tout là-bas.

Le dernier mot de cette histoire sera donc un chant d'espérance, mais aussi de sincère gratitude envers Celui qui a préparé pour nous ces pacifiques conquêtes. Qu'Il bénisse nos œuvres et les fasse prospérer pour sa plus grande gloire puisque la procurer est l'unique but de l'Institut du Saint-Enfant-Jésus.

TABLE DES MATIÈRES

RODEZ, IMP. P. CARRÈRE. 427.1000.

www.ingramcontent.com/pod-product-compliance
Ingram Content Group UK Ltd.
Pitfield, Milton Keynes, MK11 3LW, UK
UKHW022017170726
13837UKWH00001B/235